표지 그림

한국의 현대 미술가

윤미란 作	박종해 作
하명복 作	김미경 作
이종근 作	신영성 作
임영재 作	이지은 作
하민수 作	김명곤 作
이재호 作	허은영 作

한국어

고급1

경희대학교 국제교육원
Institute of International Education

Exploring Korean (Advanced Book Ⅰ)

- **By** Kim Jung Sup, Bang Seong-won, Kim Ji-hyung, Lee Sung-hee
  Institute of International Education, Kyung Hee University
- **Telephone** : 82-2-961-0081~2 • **Fax** : 82-2-959-9018
- **http** : //www.iie.ac.kr • **E-mail** : iie@khu.ac.kr

Published by Kyung Hee University Press

- **Address** : 1 Hoegi-dong Dongdaemun-gu, Seoul 130-701, Republic of Korea
- **Telephone** : 82-2-961-0106~7 • **Fax** : 82-2-962-8840
- **http** : //www.khupress.com • **E-mail** : press@khu.ac.kr
- **First edition published 2003**
- **Reprinted with Corrections 2004, 2007, 2008, 2009, 2011, 2014**
- **Printed in Korea at the University Press Kyung Hee**

- **Cover Design & Illustration** : Shin Young-Seong

ISBN 978-89-8222-068-5
ISBN 978-89-8222-046-3 (SET)

₩ 20,000 (CD included)

머리말

한국어는 이제 전 세계인들이 주목하는 언어로 성장하고 있다. 한국어를 배우기 위해 한국의 문을 두드리는 세계인들이 점차 증가하고 있으며, 이들은 한국어를 통해 자신의 삶을 설계하고 더 나은 미래로의 정진에 힘을 쏟고 있다. 한국어 학습에 대한 세계인들의 열의는 한국어 교육 발전에의 원동력이 되고 있으며 머지않은 미래에, 한국어가 세계인과의 소통의 중심에 놓이게 될 날을 기대하게 한다. 이러한 변화와 기대 속에서 경희대학교 국제교육원의 한국어 교육과정도 괄목할 만한 성장을 이루어 가고 있다.

경희대학교 국제교육원 한국어 교육부는 1997년 한국어 교재 개발에 착수하여 만 6년 만에 초급 Ⅰ·Ⅱ, 중급 Ⅰ·Ⅱ, 고급 Ⅰ·Ⅱ, 총 6권의 한국어 교재를 완간하였다. 고급 교재에서는 가나다로 한국어에 첫발을 내딛고 최고의 한국어 수준에 이르러 자기의 분야에서 활동하고 있는 빌리와 한국어로 자신의 삶을 개척하고 미래로 정진하는 나오코, 왕영 등의 외국인 주인공들의 발전된 모습을 만나볼 수 있다.

고급 교재는 초·중급 과정을 통해 다져진 한국어를 효과적으로 구사할 수 있도록 말하기, 듣기, 쓰기, 읽기의 네 가지 언어 기능을 고르게 배치하여 통합 단원의 형식을 취하였다. 또한 취미, 취업, 대학(원) 진학 등의 다양한 목적을 가진 학습자에 요구에 부합하기 위해 여러 분야의 다양한 주제로 단원이 구성되도록 하였다. 동시에 실제적인 활동과 토의·토론 주제를 제시하여 학습자 중심의 수업이 되도록 하였으며, 학습의 절차와 과정을 상세히 해 줌으로써 과정 중심의 학습이 되도록 세심한 배려를 하였다.

한편, 고급 과정이 한국어 학습의 최종 단계임을 고려하여 초·중급에서 배운 문법과 연관하여 학습·확장해 나갈 수 있도록 문법을 범주화하여 제시하였으며, 각 단원별로 모범 답안을 제시하여 자율적인 학습도 가능하게 하였다.

언어 학습은 문화 학습이며, 문화는 학습을 통해 이해·습득할 수 있다는 생각에 문화를 각 단원의 내용과 유기성을 가질 수 있도록 구성·제시하였으며 한국인의 심성, 생활 태도 그리고 언어에 내포된 가치관, 사고방식 등을 알게 하기 위해 속담, 관용어를 교재 내용에 자연스럽게 포함되도록 하였다. 또한 교재 곳곳에서 발견할 수 있는 한국 전통 문양과 현대 미술을 결합한 디자인은 한국어 학습자들을 더욱 만족시킬 것이라 기대한다.

경희대학교 국제교육원에서는 앞으로도 학습자들의 다양한 요구에 맞는 프로그램 개발과 한국어 교육의 질적인 향상, 교육 환경 개선 등을 위해 최선을 다할 것이다. 또한 이번 초·중·고급 교재의 완간에 이어 교재의 효과적인 활용을 위한 워크북 개발에도 박차를 가할 것이다.

이 교재를 집필하는 데에 열정을 쏟아 주신 저자 여러분께 감사를 표하며, 한국어 교육에 특별한 애정과 격려를 보내 주신 조인원 총장님께도 진심으로 감사드린다.

끝으로, 이 교재를 선택한 여러분들이 풍성하고 윤택한 열매를 거둘 수 있기를 바란다. 이 교재가 한국어 교육계의 발전에 작은 밀알이 되기를 진심으로 기원한다.

2011년 9월
경희대학교 국제교육원
원장 김 중 섭

일러두기

1 본 교재의 집필 방향은 다음과 같다.

- 초 · 중급 과정을 마친 학습자들이 고급 수준의 한국어 구사 능력을 가질 수 있도록 한다.
- 각 단원은 통합 교과로 구성한다. 듣기, 읽기, 쓰기, 말하기의 언어 기능은 주제와 활동 면에서 유기적으로 연결되게 한다.
- 표현 능력을 최대한 발휘할 수 있도록 한다. 쓰기, 말하기뿐 아니라 듣기 후 활동, 읽기 후 활동에서도 주제와 기능에 맞는 표현 활동을 하도록 구성한다.
- 과정 중심의 학습이 이루어질 수 있도록 구성한다. 학습자가 각 언어 기능별 목표에 도달하기까지 필요한 여러 과정을 단계적으로 경험할 수 있게 한다.
- 학습자가 스스로 한국어를 이해하고 탐구하는 능력을 갖도록 한다. 어휘 · 문법 범주 내에서 의미를 탐구하고 체계의 완성을 모색하는 학습 과정을 갖도록 한다.
- 유창성과 정확성을 함께 학습의 주요 목표로 삼는다. 학습자가 의사를 정확하고 유창하게 표현할 수 있도록 해당 담화에 자주 쓰이는 도움 표현들을 적절히 제시한다.
- 단원 내에 한국 문화와 관련된 내용을 제시하고 이에 대해 토론하게 함으로써 한국 문화에 대한 인지도 및 친숙도를 향상시킨다.

2 본 교재는 고급 Ⅰ, Ⅱ권으로 구성되어 있다. 각 권은 8과로 구성되어 있으며, 듣기 테이프 또는 CD를 포함하고 있다.

3 본 교재에서 학습할 어휘 수는 Ⅰ, Ⅱ권을 합하여 2,500여 개로 주제에 따라 필요한 어휘를 선정하였고, 어휘장을 구성하는 범주들을 주로 포함하였다. 문법 항목의 수는 총 150여 개로서 실제 사용 빈도가 비교적 높은 것, 한국어 문법 이해에 필수적인 것들을 주로 선정하였다. 문법 항목의 배열은 제시된 담화에서 전형적으로 사용되는 것들을 우선적으로 배열하였다. 또 문법 범주 내에서 비슷한 의미를 갖는 문법 항목들을 따로 학습할 수 있도록 단원마다 범주화하여 제시하였다.

4 고급 교재 전체의 구성은 다음과 같다.

	I권	II권
머리말	인사의 말	
일러두기	교재 이용 방법	
차 례	1과~8과의 구성표	1과~8과의 구성표
등장 인물	교재의 주요 등장 인물에 대한 간단한 소개	
본 단원	1과~8과	1과~8과
부 록	듣기 지문 모범 답안 찾아보기(표현/어휘/문법)	듣기 지문 모범 답안 찾아보기(표현/어휘/문법)

5 각 단원은 도입, 듣기 1 · 2, 대화, 문법, 읽기 1 · 2, 쓰기, 말하기로 구성되어 있다.

6 듣기 · 읽기는 각각 전 활동 · 본 학습 · 후 활동으로 구성되어 있으며, 문법 · 쓰기 · 말하기는 3~5단계의 과정을 거쳐 학습 목표에 도달하도록 구성되어 있다.

7 효율적인 교재 이용을 위해 단원 구성의 의도와 이용 방법을 소개한다.

도입 학습자들이 본 단원에서 학습할 주제에 대해 예상하고 이야기할 수 있도록 간단한 질문으로 구성하였다.

듣기 듣기 1은 단원에서 학습하게 될 주제와 기능, 문법이 함축적으로 포함되어 있는 대화이다. 듣기 1 뒷면에는 해당 대화를 실어 들은 후에 연습할 수 있게 하였다.

듣기 2는 인터뷰, 설명, 강의, 보도, 대담, 토론 등 고급 학습자가 실제로 접할 수 있는 다양한 유형의 자료로 구성하였다.

문법 비슷한 의미나 문법적 특징을 갖는 문법 항목들을 범주화하여 학습자가 그 의미를 탐구하고 연습하며 활용할 수 있게 하였다. 문법 항목별로 설명과 예문을 함께 제시하여 이해에 도움이 되게 하였다.

읽기 단원의 주제와 관련된 글을 읽는다. 읽기 1과 읽기 2는 각각 글의 종류나 목적 면에서 차이를 갖도록 구성하였다.

쓰기 단원의 학습 목표와 관련된 주제의 글을 쓰도록 한다. 어휘 · 문장에서 시작하여 단락 쓰기, 글 완성하기 등 과정 중심의 쓰기를 유도하였으며 다양한 유형의 작문을 할 수 있도록 구성하였다. 완성된 쓰기 활동은 과제로 활용할 수도 있다.

말하기 토론, 토의, 발표 등 고급 수준의 의사소통 과제를 수행할 수 있도록 구성하였다. 분석, 비교, 조사, 예측, 평가 등 다양한 과정을 거쳐 이야기하게 함으로써 담화 구성 능력을 향상시킬 수 있게 하였다.

새 단어 각 단원에서 나온 새로운 어휘와 표현을 제시하였다. 표현에는 관용 표현, 연어 표현, 속담 등을 함께 제시하였다.

8 고급 수준의 담화 구성에 유용한 문법 · 표현 항목을 두어 과제 활동 시 사용할 수 있도록 하였다. 또한 발음 항목을 두어 혼동하기 쉬운 음운, 어려운 음운 규칙을 연습할 수 있게 하였다.

9 부록을 두어 학생이 자습할 수 있도록 하였다. 듣기 2의 지문을 부록으로 제시하였으며, 단원 내용 중 답안 제시가 가능한 경우에는 모범 답안을 제시하여 자습이 용이하게 하였다. 색인에는 표현, 어휘, 문법 항목을 따로 제시하고 각각 처음 나온 면을 제시하여 학습자에게 도움이 되도록 하였다.

10 본 교재의 외래어 표기는 1986년 문교부 고시 '외래어 한글 표기법'에 따랐다.

차 례 〈고급 I〉

차 례 〈고급 II〉

교재 구성

단원	주제	문법 / 표현	어휘 / 발음
제1과 대중 문화	• 유행 • 영화 • 대중가요 • 고전 소설	• 인용 표현의 준말 • 주장 · 동의의 근거를 말할 때 • 인터뷰에서 감사를 표현할 때 • 이야기를 마무리할 때	• 영화와 노래 관련 어휘 • 글의 종류 • 'ㅢ' 의 발음
제2과 민속과 삶	• 명절 풍속 • 상상의 동물 • 결혼의 절차 • 집들이 선물	• 가정 표현 • 상황에 맞는 인사 표현 (축하, 위로, 조문)	• 설날과 추석 관련 어휘 • 'ㅐ' 와 'ㅔ' 의 구별
제3과 언어 학습	• 한국어 학습 • 대화의 시작 • 언어와 문화 • 외국어 학습 방법	• 상대 높임법 • 앞에 나온 화제를 유지할 때	• 음성 상징어 (의성어, 의태어) • 'ㅖ' 의 발음
제4과 개인과 가정	• 집안일 • 가족의 여가 생활 • 비빔밥 • 가전 제품 • 남녀평등	• 명사절, 명사구 보문 ('-는' 과 '-다는') • 제안할 때 • 시간 순서에 따라 말할 때	• 집안일 관련 어휘 • 음식 재료 / 조리법 관련 어휘 • 'ㅎ' 약화
제5과 운동과 오락	• 개인의 취미 생활 • 전통 스포츠와 오락 • 현대 스포츠	• 판단 표현 • 상담 동기를 말할 때	• 마라톤 관련 어휘 • 동사 '보다' 의 다의성 • 'ㄴ' 첨가
제6과 기후와 여행	• 기후와 기상 • 일기 예보 • 한국의 여행지 • 관광 상품	• 회상 표현 • 의견을 조율할 때	• 일기 예보 관련 어휘 • 된소리 되기 1
제7과 과학과 기술	• 발명 • 정보 통신 • 전통 속설 • 뇌 • 미래 과학	• 추측 표현 • 화제를 바꿀 때	• 웹 사이트 종류 • 학문 이름 • 비음화
제8과 이야기와 글	• 재미있는 이야기 • 설화 • 수필	• 의존 명사 • 사회자가 마무리할 때 • 이야기를 시작할 때	• 성격을 표현하는 어휘 • 사잇소리 현상 1

듣기	읽기	쓰기	말하기
• 좋아하는 영화에 대한 3인 대화 • 영화 배우 인터뷰	• 대중가요의 생명력 • 여러 장르의 춘향전	• 짧은 글 완성하기 • 주어진 단어로 문장 쓰기 • 개요에 따라 줄거리 쓰기 • 이야기 마무리하기	• 표시한 항목을 활용하여 말하기 • 보편 문화와 특수 문화 구분하기 • 문화 상품 홍보하기
• 용의 상징에 대한 2인 대화 • 한국의 결혼 절차에 대한 설명	• 집들이 선물 • 추석의 풍속	• 단어 연상하기 • 생각 메모하기 • 주어진 주제에 따라 글 쓰기 • 생각 보완하기	• 의견 조율하기 • 상황에 맞는 인사하기 • 정해진 시간 내에 말하기 • 각국의 설날 풍습 비교하기
• 한국어 학습 경험에 대한 4인 대화 • 대화 시작의 전략에 대한 강의	• 언어와 문화 • 효과적인 외국어 학습 방법	• 높임의 오류 고치기 • 소주제에 맞는 문단 쓰기 • 학습에 대해 조언하는 편지 쓰기	• 주장에 대한 의견 제시하기 • 교육 방법 소개하기 • 장점과 단점에 대해 의견 말하기
• 여가 생활에 대한 3인 대화 • 요리 프로그램 (전주비빔밥)	• 비빔밥의 유래와 의미 • 제품 광고와 사용 설명서	• 포도 그림을 이용한 구상하기 • 항목에 맞게 메모하기 • 일기 쓰기	• 표시한 항목을 활용하여 말하기 • 남녀평등에 대하여 토론하기
• 취미에 대한 4인 대화 • 마라톤 대회에 대한 뉴스	• 전통 놀이 '장기와 바둑' • 문화 행사에 관한 짧은 기사	• 주어진 요지로 글 완성하기 • 항목에 맞게 메모하기 • 상담 게시판에 글 올리기	• 인기 스포츠에 대해 말하기 • 전통 스포츠에 대해 발표하기 • 발표 내용에 대해 토의하기
• 여행지 상담 대화 • 일기 예보	• 얼음골에 다녀와서 • 여행지 안내문	• 묘사하는 문단 쓰기 • 설명하는 문단 쓰기 • 여행지 소개하는 글 쓰기	• 주어진 단어를 활용하여 이야기하기 • 인터넷에서 여행지 정보 찾기 • 여행 계획 짜기
• 발명에 관한 2인 대화 • 홈페이지 소개 뉴스	• 옛말의 과학성 • 인간의 뇌	• 홈페이지 설계하기 • 발표 들으며 메모하기 • 홈페이지 소개하는 글 쓰기	• 예측하여 말하기 • 로봇에 대해 의견 말하기
• 노부부와 사회자 2인의 대화 • 신기한 이야기에 관한 3인 대화	• 선녀와 나무꾼 • 소중한 '하나'	• 뒷부분 상상하여 쓰기 • 관점을 달리하여 쓰기 • 재미있는 사건 요약하기 • 인물의 성격 분석하기	• 장면을 선택하여 역할극 구성하기 • 옛날이야기 각색하기

등장 인물

빌리 화이트

미국 뉴욕에서 온 청년. 경희대학교에서 한국어를 배웠고, 지금은 광고 회사에서 해외 홍보를 담당하고 있다. 한국 전통 문화에 관심이 많아 여러 외국인들과 함께 한국 문화 체험 동아리를 만들어 활동하고 있다.

다나카 나오코

일본 도쿄에서 온 여학생. 빌리와 함께 한국어를 배웠고 대학원에 진학하여 국제 관계를 전공하고 있다. 장차 외교관이 되어 한국과 일본의 우호 관계를 증진하는 데 기여하겠다는 희망을 가지고 있다.

이정은

빌리가 처음 한국에 왔을 때 도움을 준 친구. 현재 국문과 4학년이며 졸업 후 신문 기자가 되려는 꿈을 가지고 있다.

왕 영

한국어 교사가 되는 것이 꿈인 중국 여학생. 현재 교육대학원에서 외국어로서의 한국어 교육을 전공하며, 한국과 중국의 관용 표현 비교 연구로 논문을 준비하고 있다.

신한수

나오코의 대학원 선배.
부인과 딸이 있으며, 매우 가정적인 사람이다.

이민정

나오코의 대학원 동기.
나오코가 힘들 때마다 위로와 격려를 아끼지 않는 친구이다.

김영철

빌리의 직장 동료.
대인 관계가 원만하며 일에 대한 추진력이 있어 회사 내에서 인기가 높다.

제1과 대중문화

- 주제 : 유행, 영화, 대중가요, 고전 소설
- 문법 / 표현 : 인용 표현의 준말
  주장 · 동의의 근거를 말할 때
  인터뷰에서 감사를 표현할 때
  이야기를 마무리할 때

도 입

요즘 가장 인기가 있는 가수와 배우는 누구입니까? 그 사람을 좋아하는 연령층은 어떻습니까? 인기가 있는 이유는 무엇인지 이야기해 보십시오.

자신이 좋아하는 옷의 색깔과 모양, 신발에 대해서 이야기해 보십시오. 또 요즘 유행하는 패션과 비교해 보십시오.

다음은 1970년대와 1990년대 패션의 특징을 정리한 기사입니다. 두 기사에서 유행의 공통점을 찾아보십시오.

석유 파동이 있었던 70년대에는 소비보다 절약이 중시되고, 자연스럽고 실용적인 패션이 유행하였다.

이 시대에는 자연스러운 긴 머리, 헐렁한 스타일이 크게 인기를 끌었다. 또한 활동하기에 편한 청바지가 남녀 모두에게 사랑을 받기 시작했다.

90년대에는 환경 문제가 강하게 제기되면서 순수 자연 이미지가 패션의 중요한 주제가 되었다. 천연 소재와 색상이 유행하고, 자연스러운 인체의 선을 강조하게 되었다.

이때부터는 유행을 따라가기보다 각자 자신의 개성에 따라 독특한 패션을 요구하는 사람들이 많아졌다.

듣기 1

여러분은 어떤 종류의 영화를 자주 봅니까?

영화의 종류에 따라 자주 사용하는 소재가 다릅니다. 또, 영화를 보고 난 후 관객의 느낌도 다릅니다. 옆 사람과 함께 의논해서 다음 표를 완성하십시오.

종류	유명한 영화 이름	소재	보고 난 후의 느낌
애정 영화	바람과 함께 사라지다	사랑, 이별, 결혼	
공포 영화			계속 무서운 생각이 난다.
코미디 영화			
가족 영화			마음이 흐뭇해진다.
전쟁 영화		싸움, 전쟁	

잘 듣고 질문에 답하십시오.

1. 세 사람 중에서 영화에 대해 비슷한 의견을 가진 사람은 누구입니까? 어떤 점에서 의견이 비슷합니까?
   ① 빌리 ② 왕영 ③ 영철

2. 세 사람 중에서 가장 다양한 종류의 영화를 보는 사람은 누구입니까?

3. 빌리 씨가 요즘 관심을 가지고 있는 영화는 어떤 영화입니까? 왜 관심을 가지게 되었습니까?

4. 대화에서 나온 폭력 영화에 대한 의견을 모두 고르십시오.
   ① 감동을 주지 않는다. ② 쓸데없이 잔인한 장면이 많다.
   ③ 선이 악을 이기는 경우가 많다. ④ 멋진 장소를 배경으로 한다.
   ⑤ 주인공이 미남, 미녀이다. ⑥ 현실성이 떨어진다.

폭력 영화에 대한 세 사람의 의견에 대해 찬성 또는 반대의 의견을 말하고 그 이유를 이야기하십시오.

여러분은 어떤 종류의 영화를 좋아하십니까? 왜 그런 종류의 영화를 좋아하십니까? 그 영화에서 자주 사용하는 소재, 영화를 보고 났을 때의 느낌을 바탕으로 이야기해 보십시오.

〈보기〉 저는 가족 영화를 좋아합니다. 가족 영화는 부모님, 동생 모두 함께 볼 수 있어서 좋습니다. 가족 영화 중에는 사랑으로 어려운 문제를 해결하게 되는 내용이 많습니다. 그런 영화를 보고 나면 마음이 따뜻해집니다. 또 우리 가족이 얼마나 소중한가 하는 생각이 듭니다.

표현

주장 / 동의의 근거를 말할 때

- 주장 / 판단의 근거를 말할 때 : '-다는 점에서 -다고 생각하다'
  폭력 영화는 쓸데없이 잔인한 장면이 많다는 점에서 좋지 않다고 생각합니다.
  가족 영화는 가족의 소중함을 깨닫게 해 준다는 점에서 가치가 있다고 생각합니다.
- 동의할 때 : '-다는 점에 대해서 -의 의견에 동의하다'
  폭력 영화는 잔인한 장면이 많다는 점에 대해서 저도 왕영 씨의 의견에 동의합니다.
  대중문화가 10대들에게 많은 영향을 미친다는 점에 대해 정은 씨의 의견에 동의합니다.

대화

빌 리 : 오늘 저녁에 시간 괜찮으세요? 우리 같이 영화 보지 않을래요?

왕 영 : 요즘 새로 나온 영화 중에서 재미있는 게 있나요?

영 철 : 왕영 씨는 어떤 영화를 좋아하는데요?

왕 영 : 저는 폭력 영화만 빼고 거의 다 좋아해요. 폭력 영화는 별로 감동을 주지도 않는 데다가 쓸데없이 잔인한 장면이 많다는 점에서 좋은 영화가 아니라고 생각해요.

빌 리 : 폭력 영화가 감동적이지 않다는 점에 대해서는 저도 왕영 씨의 의견에 동의해요. 실제로 대부분의 폭력 영화는 지나치게 과장이 많고 현실성도 떨어져요.

영 철 : 빌리 씨도, 참! 영화에 나오는 폭력은 실제가 아니잖아요. 또, 폭력을 사용한다고 해도 결국은 선이 악을 이기는 경우가 대부분이고요.

왕 영 : 저는 그런 단순한 결말도 마음에 들지 않아요.

영 철 : 그럼 두 분은 어떤 영화를 좋아하는데요?

빌 리 : 저는 요즘 젊은이들의 사랑을 소재로 한 한국 영화에 관심이 많아요.

왕 영 : 빌리 씨는 예쁜 여자 주인공 때문에 그런 거 아니에요?

빌 리 : 하하, 그런 거 아니에요. 단지, 사랑을 소재로 한 영화를 보면 요즘 한국 젊은이들의 심리를 잘 이해할 수 있기 때문에 좋아하는 거지요. 또, 영화에 나오는 장소도 멋지고요.

왕 영 : 하긴 그런 영화는 좋은 분위기가 필요하니까 멋진 장소와 배경 음악이 필요하겠지요.

영 철 : 그러니까 두 사람은 폭력 영화는 싫고, 애정 영화가 좋다는 거지요? 알았어요. 전 영화라면 무조건 다 좋아하니까 두 사람이 가자는 대로 따라갈게요.

'폭력 영화', '젊은이들의 사랑을 소재로 한 영화' 대신 다른 종류의 영화를 넣어 대화를 만들어 봅시다.

폭력 잔인하다 장면 과장 현실성 결국 선 악 결말 하긴 배경

'ㅢ'의 발음

1. 희망, 띄어쓰기
   첫소리에서 자음과 같이 쓰인 'ㅢ'는 [ㅣ]로 발음한다. [히망], [띠어쓰기]
2. 동의, 무늬
   단어의 첫 음절이 아니면 'ㅢ'는 [ㅣ]로 발음한다. [동이], [무니]
3. 우리의, 대부분의, 젊은이들의
   조사 '의'는 [ㅢ]로 발음할 수 있지만 대개 [ㅔ]로 발음한다.
   [우리의 / 우리에], [대부부늬 / 대부부네], [절므니드릐 / 절므니드레]

듣기 2

영화와 관련된 단어, 노래와 관련된 단어로 나누어 보십시오.

감독	연출	배우	관람객	작사	작곡	가수	작가
역할	주인공	조연	가요	유행가	상영	공연	촬영하다
가창력이 좋다		연기를 잘하다		흥행에 성공하다			

좋아하는 배우 또는 가수와 인터뷰한다면 무엇에 대해 질문하고 싶습니까? 다음 중 질문하고 싶은 항목에 표시하고 질문할 내용을 간단히 적어 보십시오.

- ☐ 나이
- ☐ 가족 사항
- ☐ 가장 좋아하는 작품
- ☐ 재산
- ☐ 취미
- ☐ 시작 동기
- ☐ 일에 대한 만족도
- ☐ 희망

잘 듣고 질문에 답하십시오.

1. 다음 중 기자가 물어본 것은 무엇입니까?

① 영화의 흥행 비결　② 지금까지 해 본 역할　③ 여자 주인공의 패션
④ 남자 주인공의 수입　⑤ 꼭 해 보고 싶은 역할　⑥ 다음 계획

2. 이정수 씨가 인터뷰에 응하는 태도는 어떻습니까? 맞는 것을 모두 고르십시오.

① 귀찮아 한다　② 거만하다　③ 겸손하다
④ 자신 없어 한다　⑤ 조심스럽다　⑥ 수다스럽다

3. 이정수 씨는 영화 '영원한 사랑' 이 인기를 끈 이유에 대해 뭐라고 말했습니까?

4. 영화 '영원한 사랑' 의 남자 주인공에 대해 들은 것을 모두 이야기해 보십시오.

짝활동 앞에서 준비한 질문을 가지고 옆 친구를 상대로 실제 기자처럼 인터뷰해 보십시오.

표현

인터뷰에서 감사를 표현할 때

- 시작할 때

바쁘실 텐데 이렇게 인터뷰에 응해 주셔서 감사드립니다.
인터뷰를 허락해 주셔서 감사드립니다.

- 끝낼 때

귀한 시간을 내 주셔서 정말 감사드립니다.
끝까지 성실하게 답변해 주셔서 진심으로 감사드립니다.

문 법

1 사람들이 재미있다고 하는 연극이 있는데, 친구는 그 연극을 별로 보고 싶어하지 않습니다. 어떻게 하면 친구의 마음을 바꿀 수 있을까요? 다음과 같이 들은 이야기를 바탕으로 친구의 마음을 바꿔 보십시오.

들은 이야기 배우들이 연기를 잘한다. / 늦게 가면 표가 없어서 못 본다.
재미있어서 두 번 보는 사람도 많다. / 선생님도 보셨다.
인기가 많아서 공연을 한 달 연장했다. / 내년에 영화로 만들 계획이다.

"그 연극에 나오는 배우들이 연기를 참 잘한대."

2 밑줄 친 부분의 공통점에 대하여 이야기해 봅시다. 또 각각 무엇의 준말인지 이야기해 봅시다.

어제 내 동생이 연극을 봤는데 너무 웃겨서 공연이 끝날 때까지 계속 웃었다지 뭐야!
내 동생이 재미있다면 분명히 재미있는 공연이니까 믿고 같이 보러 가자.
두 시간 동안 연극을 보고 나면 스트레스가 다 풀린다잖아.
국내 공연이 대성공을 거두어서 내년에 해외 무대로 진출한다는 말도 있어.
나오코도 그 연극을 보고 싶다기에 내가 오늘 저녁에 같이 보러 가자고 했어.
늦게 가면 자리가 없다니까 내가 미리 가서 표를 끊어 둘게.
나오코가 저녁 식사도 같이 하자니까 저녁 먹지 말고 5시까지 약속 장소로 나와. 알았지?
그 연극의 남자 주인공이 올해의 최우수 연기자 상을 탔대.
네가 요즘 스트레스가 쌓인대서 내가 일부러 연극을 보여 주려고 하는 거야.

인용 표현의 준말

- 인용 표현 '-다고 하다'의 연결형 및 종결형은 구어에서 '-고 하-'가 생략되어 쓰이는 경우가 많다.

네가 간다고 하면 빌리가 좋아할 거야. ➡ 네가 간다면 빌리가 좋아할 거야.
요즘 70년대 패션이 유행한다고 하지 뭔가. ➡ 요즘 70년대 패션이 유행한다지 뭔가.
대학 시험이 없어진다고 하는 말 들었어요? ➡ 대학 시험이 없어진다는 말 들었어요?
성호가 피곤하다고 하기에 집에 가라고 했어. ➡ 성호가 피곤하다기에 집에 가라고 했어.
12시에 문을 닫는다고 하니까 빨리 들어가자. ➡ 12시에 문을 닫는다니까 빨리 들어가자.
의사가 담배 피우지 말라고 하니까 끊어야지. ➡ 의사가 담배 피우지 말라니까 끊어야지.

- '-다/냐/라/자고 해'의 준말은 '-대/내/래/재'이다.

정은이가 돈이 없다고 해서 빌려 줬어. ➡ 정은이가 돈이 없대서 빌려 줬어.
나보고 집에 혼자 가라고 했잖아요. ➡ 나보고 집에 혼자 가랬잖아요.
친구가 오늘 연극을 보러 가자고 해요. ➡ 친구가 오늘 연극을 보러 가재요.

3 다음은 가수 박효신의 열성 팬이 박효신의 최근 소식을 친구에게 이야기하는 내용입니다. 밑줄 친 부분을 준말로 바꿔 보십시오.

> 지난달 15일 경희대학교 평화의 전당에서 3집 음반 고별 콘서트를 마친 박효신이 이번에는 중국과 동남아시아 등으로 진출하기 위해 준비에 들어간다고 해. 앞으로 1년 정도 4집 음반 준비를 한 후에 북경에서 대형 자선 콘서트를 열 계획이라고 하는 소식이 어제 뉴스에 나왔어. 이 콘서트의 수익금 전액을 중국에 있는 교포들을 위해 기부할 거라고 해. 또 박효신은 앞으로 만들 4집 음반을 우리말 가사 그대로 수출할 계획이라고 하더라. 신촌뮤직 기획사에서 중국 내의 음악 팬들에게 박효신이 큰 인기를 끌 것으로 자신한다고 하지 뭐야? 이 기획사는 자선 콘서트에 온 관객에게 4집 음반을 무료로 나누어 줄 예정이라고 하니, 참석한 사람들은 참 좋겠어. 북경에 사는 사촌 동생이 한국 가수의 공연에 한번 가 보고 싶다고 하기에 내가 이 콘서트 소식을 알려 줬어. 그 애가 갔다 와서 박효신 노래가 좋다고 하면 1, 2, 3집을 선물로 보내 줄까 해.

짝활동 두 사람이 좋아하는 영화 한 편을 정하십시오. 그리고 다음 표현을 이용하여 그 영화에 대한 감상을 이야기해 보십시오.

표현

- **시간 끌기 : -다고 할까? / -(이)랄까?**

생각하기 위해 시간을 끌거나, 조심스럽게 자기 생각을 말할 때 쓴다.

민 정 : 영화 '대한민국 헌법 제1조' 보셨어요? 영화 보고 느낌이 어땠어요?
나오코 : 글쎄요, 기분이 후련해진다고 할까? 특히 선거 모습이 아주 재미있었어요. 민정 씨는 어땠어요?
민 정 : 음……, 뭐랄까? 사회를 보는 눈이 좀 달라졌다고 할까? 인권에 대해 다시 한번 생각하게 되었어요.

짝활동 아래의 광고 중 하나를 선택한 후, 필요한 정보를 다섯 가지 이상 고르십시오. 그 정보를 바탕으로 서로 그 공연을 보러 가자고 설득하십시오.

즐겁고 신나는 난타의 요리 천국

「난타 인천 공연」

"외국인 관람객 27%, 세계적인 관광 상품"

"스트레스 해소에 최고"

- 장소 : 인천 문화 예술 회관 대공연장
- 일정 : 12. 29 ~ 12. 30
- 시간 : 오후 4시, 7시
- 관람료 : 특별석 (1층) : 30,000원
  일반석 (2층) : 20,000원
- 예약 문의 : (032) 611-3893

COOKIN' NANTA

고급 문화의 대중화

"시민을 위한 음악회"

누구나 즐길 수 있는 무대

- 연주 : 서울 관현악단
- 일시 : 12월 29일 오후 6시 30분
- 장소 : 서울 문화 예술 극장 별관 (광화문)
- 출연 : 소프라노 신원선, 테너 배지훈,
  가수 이지상 등
- 연주곡 : '아름다운 아픔', '목련화', '금강산',
  영화 '봄날은 간다' 주제곡 등 다수
- 입장료 : 무료
- 문의 : ☎(02) 969-9932

〈보기〉 가 : '난타' 가 스트레스 푸는 데 최고라니 저도 보고 싶네요. 우리도 난타 공연 보러 갑시다.
나 : 글쎄요. 서울 문화 예술 극장에서 시민 음악회를 한다는데 한번 가 보지 않을래요?

읽기 1

여러분은 어떤 장르의 노래를 좋아합니까? 그 노래가 갖는 특징에 대해 이야기해 보십시오.

다음 글을 읽고 질문에 답하십시오.

대중가요의 생명력

요즘 대중가요의 수명은 날로 짧아져 간다. 새로 나온 음반이 3개월 이내에 인기의 정상에 올랐다가 금세 다른 대중가요의 인기에 밀려 사라진다. 10대들이 대중가요의 중요한 수요층이 되면서 가요의 유행 주기는 더욱 짧아졌다. 게다가 유행하는 가요의 장르 역시 대중가요의 수명 못지않게 변덕스러워서 여러 장르의 대중가요가 모습을 바꾸어 가며 짧은 유행을 주도하곤 한다.

그렇게 빨리 바뀌어 가는 대중가요 시장의 한쪽에서 묵묵히 긴 수명을 이어 가고 있는 장르가 바로 트로트이다. 40대 전후의 세대들은 후배들과 노래방에 가서는 새로운 노래를 부르며 시대에 뒤떨어지지 않으려고 노력하지만, 동년배끼리의 모임에서는 너나 할 것 없이 한목소리로 트로트를 부른다. 젊은 사람들도 대학 졸업 후 사회 생활을 하다 보면 어느새 노래방에서 트로트 한 곡쯤은 자신 있게 부를 수 있게 된다. 트로트를 부를 때 가장 쉽게 사람들과 공감대를 형성할 수 있기 때문이다. 여럿이 함께 마치 가수가 된 것처럼 흥겹게 노래하는 노래방 문화 속에서 트로트는 꼭 빠지지 않는 노래가 되었다.

많은 사람들이 트로트를 듣고 쉽게 공감하는 것은 가락이 단순하여 따라 부르기 쉽고, 가사의 내용이 대중적이기 때문이다. 1930 ~ 1940년대에 2박자, 4박자류의 리듬이 들어오고, 당시 서민 대중의 애틋한 정서를 담은 노랫말이 결합되면서 한국적 트로트가 생겨났다. 꺾기, 흐느끼기 등 트로트만이 갖는 노래의 기교는 국악과도 비슷한 부분이 있어 한국인 누구에게나 낯설지 않은 느낌을 준다. 또, 그 가사가 대부분 대중가요의 전형적인 주제인 사랑과 이별, 그리움 등을 소재로 하므로 쉽게 공감할 수 있다. 친근한 가사와 쉽고 단순한 형식 덕분에 트로트는 언제 어느 때나 부를 수 있는 노래가 되었고, 자연스럽게 대중의 사랑을 받을 수 있었다.

트로트는 나이 든 사람들의 노래이며 이제 사라져 가는 장르라고 생각하는 사람들도 있지만, 트로트의 전망이 그렇게 어둡지만은 않은 것 같다. 트로트를 낡은 노래라고 생각하는 사람들조차도 자기 어머니, 아버지의 애창곡인 트로트를 자주 들으며 자라서 그 가사와 리듬에 익숙하기 때문이다. 최근에는 젊은 가수들이 70년대에 유행했던 트로트를 새롭게 편곡하여 인기를 끈 경우도 있었다. 또, 트로트 분위기가 나는 빠른 노래를 불러 10대 중심의 가요 시장에서 성공을 거둔 가수도 있었다. 대학가 근처의 노래방 여기저기에서 트로트가 흘러나오고 일을 하면서 트로트를 흥얼거리는 젊은이들이 있는 걸 보면, 트로트는 앞으로도 계속 한국인의 사랑을 받을 수 있을 듯하다.

1. 다음 표현의 의미를 설명해 보십시오.
   - 인기의 정상에 오르다
   - 대중가요의 수명이 짧다

2. 현대의 대중음악에 대한 글쓴이의 생각과 같은 것을 고르십시오.
   ① 유행하는 가요의 장르가 일정한 편이다.
   ② 중년층에서 대중가요의 유행을 주도하고 있다.
   ③ 일반 서민들의 삶을 반영한다.
   ④ 변화의 속도가 빠르지만 꾸준히 인기를 얻는 음악도 있다.

3. 많은 사람들이 트로트를 쉽게 따라 부르는 이유는 무엇입니까?

4. 이 글에서 트로트의 미래를 밝게 전망하는 근거를 찾아보십시오.

여러분 나라에서 오랫동안 인기를 끈 대중음악은 어떤 것인지 이야기해 보십시오.

생명력 대중가요 음반 금세 밀리다 수요층 주기 장르 못지않다 변덕스럽다 주도하다 묵묵히 뒤떨어지다 동년배 한목소리 공감대 형성하다 흥겹다 공감하다 가락 박자 애틋하다 정서 흐느끼다 기교 국악 전형적 전망 애창곡 편곡하다 흥얼거리다

읽기 2

여러분 나라에서 가장 유명한 고전 작품은 무엇입니까? 그 작품을 생각하면서 다음 질문에 답하십시오.

- 그 작품의 주제는 무엇입니까?
- 대부분의 사람들이 그 작품의 내용을 알고 있습니까?
- 현대에도 새로운 형식으로 만들어지고 있습니까?
- 요즘에는 어떤 예술 형태로 만들어지고 있습니까?

아래의 1 ~ 5는 어떤 글의 일부입니까? 각 글의 성격을 보기에서 골라 쓰십시오.

〈보기〉 영화 대본 / 백과사전의 설명 / 줄거리 / 소설 / 시 / 평론 / 동화 / 수필

1

춘향전은 한국의 대표적인 고소설이다. 신분을 초월한 사랑을 주제로 하여 판소리 춘향가로 불렸으며, 현대에도 영화, 연극을 통해 대중의 사랑을 받고 있다. 조선 영조 · 정조 전후의 작품으로 추정되지만, 작자와 연대는 정확히 알려지지 않았다. 작품의 주요 배경은 전라도 남원이다.

백과사전의 설명

2

남원 사또의 아들 이몽룡은 단옷날 광한루에서 그네를 타고 있는 춘향을 보고 첫눈에 반한다. 춘향은 기생의 딸이었지만 이몽룡과 춘향은 금세 사랑에 빠지고 결혼을 약속한다. 그러던 중, 이몽룡은 아버지를 따라 서울로 가게 된다. 이몽룡과 춘향은 눈물로 이별하며 재회를 다짐한다. ……

3

이몽룡의 머릿속은 하루 종일 춘향이 생각뿐이었다. 춘향이 그네를 타던 모습이 눈에 선하였다. 붉은 치마가 바람결에 나부끼던 모습, 꽃처럼 아름답던 그 모습이 그의 가슴에 깊이 박혀 있었다. 춘향을 가까이에서 보았을 때, 눈처럼 하얀 얼굴, 앵두처럼 붉은 입술이 마치 하늘에서 내려온 선녀 같았다.

어느 날 이몽룡이 자기 방에 혼자 앉아서 춘향 생각에 깊이 빠져 있는데, 갑자기 아버지가 방 안으로 들어왔다. 아버지는 몽룡이 책은 안 읽고 딴생각만 하고 있는 것을 보고는 크게 나무랐다.

"너 지금 도대체 무엇을 하고 있는 거냐?"

"앗! 아버지, 무슨 일이 있습니까?"

4

#25 이몽룡의 방, 해 질 무렵

아버지 : (화난 표정으로) 너 요즘 어디를 돌아다니기에 집에서 보이지 않는 거냐? 도대체 공부를 제대로 하고 있는 거냐? 넌 우리 집에 경사가 난 줄도 모르지?

이몽룡 : (깜짝 놀란 얼굴로) 경사라니요?

아버지 : 내가 승진해서 서울로 올라가게 되었다. 다음 달에 가족 모두 서울로 올라갈 예정이다.

이몽룡 : 그럼 저도 서울로 올라가야 하나요?

아버지 : 당연하지. 나는 먼저 가 있을 테니, 너는 어머니를 모시고 서울로 올라갈 준비를 하거라.

이몽룡 : (기운 빠진 목소리로) 네.

5

그동안 국내와 해외에서 제작된 영화 '춘향전'은 총 13편이다. 이 외에 TV 드라마, 마당극, 연극 작품까지 합치면 수를 셀 수 없을 정도로 많다. 마치 서양의 '로미오와 줄리엣'이 여러 형식을 통해 수없이 제작된 것처럼, 한국의 '춘향전'은 계속해서 대중의 사랑을 받아 왔다.

수백 년 동안 남녀노소 할 것 없이 춘향전을 찾는 이유는 무엇일까? 그것은 춘향전이 대중문화의 영원한 주제인 '사랑'과 '이별'을 중심으로 한 이야기이기 때문이다. 두 사람은 외부의 억압에 의해 잠시 이별하지만 진정한 사랑을 통해 행복한 결말을 맺게 된다. 이러한 구조는 현대의 대중에게도 변함없이 감동을 주는 매력적인 요소이다.

1. 춘향과 몽룡은 어떤 신분의 사람입니까?

2. 춘향과 몽룡은 왜 갑자기 이별하게 되었습니까?

3. 1, 5에 의하면 춘향전은 다음 중 어떤 형식으로 만들어졌습니까? 위의 글에서 이야기한 것에 모두 표시하십시오.

① 판소리 ② 소설 ③ 시 ④ 연극
⑤ 영화 ⑥ TV 드라마 ⑦ 마당극 ⑧ 동화
⑨ 수필 ⑩ 사전

4. 수백 년 동안 많은 사람들이 춘향전을 좋아하는 이유는 무엇입니까?

모둠 활동

글 2는 춘향전의 전반부 줄거리입니다. 춘향전의 전체 줄거리를 완성해 보십시오.

대표적 고소설 초월하다 판소리 추정되다 작자 연대 사또 첫눈에 반하다 기생
재회 다짐하다 눈에 선하다 바람결 나부끼다 박히다 앵두 선녀 딴생각 나무라다
도대체 경사 승진하다 마당극 억압 매력적

쓰 기

- 짧은 글 완성하기
- 주어진 단어로 문장 쓰기
- 개요에 따라 줄거리 쓰기
- 이야기 마무리하기

1 다음은 춘향전의 일부입니다. 의도 표현 '-고자'를 사용하여 문맥에 알맞은 내용을 쓰십시오.

이몽룡은 단옷날 마을을 ________ 바깥으로 나갔습니다. 그날 춘향은 다른 처녀들처럼 그네를 타기 위해 바깥에 나와 있었습니다. 이몽룡은 그네를 타고 있는 춘향을 우연히 보고 첫눈에 반했습니다. 이몽룡은 춘향에게 ________ 했지만 말 한마디 건네지 못하고 집으로 돌아왔습니다. 이몽룡은 춘향이 생각에 잠을 이룰 수 없었습니다. 그래서 그날 밤 ________ 아버지 몰래 집을 나섰습니다.

이몽룡의 아버지는 가족들과 함께 서울로 ________. 아버지는 이 일을 아들에게 ________, 아들의 방으로 들어갔습니다. 그때 몽룡은 춘향이 생각에 깊이 빠져 있었습니다. 그것을 본 아버지는 화가 나서 이렇게 말했습니다.

"내가 승진해서 서울로 올라가게 되었다. 일단 나 먼저 ________ 하니, 너는 다음 달에 어머니를 모시고 오너라."

• -고자

어떤 행위의 의도를 표현할 때 사용하는 연결 어미. '-고자 하다'와 같이 종결 표현으로 사용하기도 한다.

앞으로 한국의 전통문화에 대해 공부하고자 합니다.
해외 홍보에 관한 일을 하고자 이 회사에 지원하였습니다.
저는 한국 대중문화에 대해 더 자세히 알고자 한국에 왔습니다.

2 ◯ 안의 단어 중 5～10개를 골라 그것을 이용하여 글을 써 보십시오.

우리 고전 중 만화로 만들면 가장 잘 어울리는 작품은 무엇일까요? 만화가들은 춘향전에서 그런 매력을 발견하는 모양입니다. 최근 일부 여성 작가들이 '신 춘향전', '신 암행어사' 등을 선보여서 크게 인기를 끌었습니다. 두 작품 모두 춘향전을 재해석하고 있는데, 그 모티브는 춘향의 정절이 아니라 암행어사의 활약입니다. '마패'라는 절대적인 힘을 행사하며 악한 사람들을 벌하는 암행어사. 악을 벌하는 모습은 시대를 초월하여 우리를 신나게 합니다.

'신 춘향전'은 춘향의 사랑 이야기보다 신분 제도를 거부하는 저항의 모습을 중요하게 다루고 있습니다. 고전 소설을 이렇게 재미있게 표현해 내는 두 만화를 보면 글을 쓸 때 소재 탓만 하는 건 핑계가 아닐까 하는 생각이 듭니다.

〈보기〉 저항, 재미있다, 재해석, 인기, 만화가

➡ 고전 소설에 나오는 춘향의 저항을 현대적으로 재미있게 재해석하여 인기를 끈 만화가가 있어요.

3 여러분이 알고 있는 작품 중에서 사랑과 이별을 주제로 한 것을 골라서 줄거리를 써 봅시다.

1. 줄거리를 쓰기 전에 다음 사항을 간단히 기록하십시오.

시대		
장소		
주인공		
주요 사건	갈등 관계	
	절정	
	결말	

2. 위에서 기록한 내용을 바탕으로 줄거리를 쓰십시오. 특히 사랑하는 사람들이 이별한 후에 어떻게 되었는지 이야기의 결말을 잘 정리해서 쓰십시오.

표현

이야기를 마무리할 때

- 그리하여 두 사람은 결국 ~게 되었다.
  그리하여 두 사람은 결국 다시 만나 행복한 결말을 맺게 되었습니다.
- 이야기는 ~는 것으로 끝을 맺는다.
  이야기는 두 사람이 결혼하여 행복하게 사는 것으로 끝을 맺습니다.

말하기

- 표시한 항목을 활용하여 말하기
- 보편 문화와 특수 문화
- 문화 상품 홍보하기

여러분 나라에서 일반적인 문화 현상에 해당하는 것에 표시하십시오.

1. 어른에게 존댓말을 사용한다. 존대법이 매우 발달했다. ☐
2. 결혼할 때 남자는 집을 준비하고, 여자는 가구를 준비한다. ☐
3. 집안일은 대체로 여자가 한다. ☐
4. 밥을 먹을 때에는 숟가락을, 반찬을 먹을 때에는 젓가락을 사용한다. ☐
5. 하루에 두 끼 이상 쌀로 만든 요리를 먹는다. ☐
6. 소, 돼지, 닭고기 중에 안 먹는 것이 있다. ☐
7. 대표적인 음식은 평상시에 자주 먹는 음식이다. ☐
8. 청소년층이 좋아하는 음악과 중 · 장년층이 좋아하는 음악이 다르다. ☐
9. 남자들은 대체로 긴 머리의 여자를 좋아한다. ☐
10. 고전 소설들은 대부분 행복한 결말로 끝난다. ☐

모둠 활동 나라마다 있는 보편 문화와 개별 국가의 특수 문화를 나누어 정리해 봅시다.

보편 문화	특수 문화	
	문화 현상	국가
• 청소년층과 중 · 장년층이 좋아하는 음악이 다르다.	• 돼지고기를 먹지 않는다.	인도
•	•	
•	•	

모둠 활동 자기 나라의 문화 상품, 또는 한국의 문화 상품으로 개발할 만한 것에 대해 이야기해 보십시오. 또, 그것을 어떻게 홍보할 것인지 논의하십시오.

> 예 비빔밥 : "여러분도 아시다시피 한국의 유명한 음식 중에는 비빔밥이 있습니다. 한국의 항공사에서는 외국인들에게 기내식으로 비빔밥을 제공하고 있습니다. 이것은 한국의 음식을 세계적으로 쉽게 알릴 수 있는 방법입니다."

- **-다시피**

청자가 이미 알고 있는 사실을 재확인할 때 '-는 것처럼'의 뜻으로 사용한다.

보시다시피 저는 여러분과 피부색이 다른 서양 사람입니다.

여러분도 아시다시피 쌀을 주식으로 하는 것은 동양의 공통된 식습관입니다.

조금 전에 우리가 이야기했다시피 나라마다 비슷한 문화가 있고, 차이가 있는 문화도 있습니다.

제 2 과 민속과 삶

- 주제 : 명절 풍속, 상상의 동물, 결혼의 절차
  집들이 선물
- 문법 / 표현 : 가정 표현
  상황에 맞는 인사 표현 (축하, 위로, 조문)

도 입

한국에서는 결혼을 하면 가까운 친구들이나 직장 동료들, 친척들을 집에 초대해서 함께 식사를 합니다. 이것을 '집들이' 라고 합니다. 여러분 나라에도 이와 같은 풍습이 있습니까?

다음 단어들은 무엇에 관한 내용입니까? 답을 쓰고 자신의 경험에 대하여 이야기해 보십시오.

세배 세뱃돈
설빔 덕담 만두 빚기
떡국 윷놀이
'도 · 개 · 걸 · 윷 · 모'
말판 널뛰기
'까치 설날은 어저께'

차례 연휴
교통 대란 귀성객
열차표 예매

성묘 송편
한가위 중추절
햇곡식과 햇과일
'쟁반같이 둥근 달'
'더도 말고 덜도 말고 늘 한가위만 같아라'

여러분 나라에서 가장 성대하게 치러지는 민속 명절은 무엇입니까? 명절 음식과 놀이에 대해 이야기해 보십시오.

듣기 1

여러분 나라에서 긍정적인 의미를 갖는 것에 표시하십시오.

7 ☐ 4 ☐ 3 ☐ 흰색 ☐ 까마귀 ☐ 까치 ☐ 호랑이 ☐ 용 ☐

잘 듣고 질문에 답하십시오.

1. 빌리 씨 나라에서 용은 어떤 성격을 가지고 있다고 합니까?

2. 이 대화의 핵심 내용은 무엇입니까?

① 용의 신비성 ② 문화의 상대성
③ 전통문화 ④ 예술 작품 속의 용

3. 두 사람이 동양과 서양의 공통점으로 말한 것은 무엇입니까?

① 상상의 동물이 있다.
② 음력을 존중한다.
③ 용은 왕의 권력을 상징한다.
④ 동물 울음소리를 비슷하게 표현한다.

다음은 용에 관한 설명입니다. 여러분 나라에서는 용을 어떻게 생각합니까?

① 용에 대한 옛날이야기가 있다. ☐
② 용은 인간이 하지 못하는 일도 하는 초월적인 존재이다. ☐
③ 용은 적으로 간주되는 악한 존재이다. ☐
④ 용에 대한 이야기는 사라진 지 오래이다. ☐
⑤ 용에 대한 문학 작품, 미술, 만화 등 다양한 예술 작품들이 존재한다. ☐

위 내용을 참조하여 여러분 나라의 용에 대하여 이야기해 보십시오.

〈보기〉
• 옛날에는 왕이라야 용 그림이 있는 옷을 입을 수 있었습니다.
• 용은 인간이 하지 못하는 일도 하는 초월적인 존재였는걸요.

• **-(이)라야**
꼭 그것임을 지정하여 말할 때 사용하는 조사이다.
한국어를 할 줄 아는 사람이라야 저희 회사에서 일할 수 있습니다.
눈썰매장은 겨울이라야 문을 여나 봐요.

• **-는걸요**
내용을 단정적으로 말하면서 문장을 끝맺을 때 사용한다.
국립 민속 박물관에 가 보셨어요? / 그럼요, 거기에서 사진도 찍었는걸요.
요즘에도 운동을 계속 하시나요? / 네, 거의 매일 하는걸요.

• **-(으)ㄹ걸요?**
추측의 내용을 단정적으로 말할 때 쓴다.
제주도 지방의 날씨가 어떨 것 같아요? / 겨울이라도 그다지 춥지 않을걸요?
제시간에 도착할 수 있을까요? / 지금 가면 시간을 맞출 수 있을걸요?

대화

빌 리 : 얼마 전 박물관에 갔다가 옛날 한국의 왕이 입던 옷을 봤어요. 옷 중앙에 용 그림이 있었어요. 친구 얘기로는 한국에서 용은 매우 좋은 의미를 갖는 동물이라고 하던데, 문화적인 차이랄까? 기분이 묘했어요.

정 은 : 그래요? 그건 한국 사람이라야 느낄 수 있는 정서일 거예요. 한국에서는 용을 인간의 능력을 뛰어넘는 초월적인 존재로 생각하거든요. 미국은 우리와 다른가 보지요?

빌 리 : 미국에서는 용에 대한 관념이 한국과 달라요. 용은 악한 성격이면서 파괴적인 속성을 가진 것으로 인식되고 있는걸요. 같은 대상에 대한 생각이 서로 다른 걸 보면, 문화라는 것은 참 재미있는 거예요.

정 은 : 한국뿐 아니라 중국이나 일본 등 동북아시아에서 용은 모두 비슷한 상징을 가지고 있어요. 용은 이야기에서 악한 존재를 물리치는 힘 있는 모습으로 그려지고 있어요.

빌 리 : 미국에서는 오히려 용을 물리치는 것을 승리로 표현하는 예술 작품들이 많이 있어요. 서양의 다른 나라도 우리나라와 별로 다르지 않을걸요?

정 은 : 찾아보면 용 말고도 나라마다 서로 다르게 생각하는 것들이 꽤 있을 거예요. 동물 울음소리도 서로 다르게 표현하잖아요?

빌 리 : 그럼요. 간단한 인사만 해도 서로 다르지요. 한국 사람들이 오라고 하는 손짓을 우리나라 사람들은 가라고 하는 것으로 인식하거든요. 또 한국에서는 양력과 음력을 다 존중하지만, 우리나라에서는 양력을 사용하잖아요.

정 은 : 그러고 보면 비슷한 것 같지만 다른 것이 문화인 것 같아요.

빌 리 : 한편으로는 다른 것 같지만 비슷한 것이 문화라고 볼 수도 있지 않을까요? 다른 방식이기는 하지만 있지도 않은 동물인 용을 상상해 낸 것이 그렇잖아요. 사람 사는 데에는 공통적으로 필요한 게 있다는 증거겠지요.

정 은 : 듣고 보니 정말 그러네요. 빌리 씨는 문화에 대해 생각을 많이 했나 봐요.

여러분 나라에서 특별히 좋은 의미를 갖는 동물이 있습니까? 그 동물의 상징을 주제로 하여 대화를 만들어 봅시다.

묘하다　뛰어넘다　초월적　관념　파괴적　속성　인식되다　동북아시아　물리치다　손짓　존중하다　한편　방식

듣기 2

여러분 나라에서는 결혼식을 어떻게 치릅니까? 독특한 결혼식 절차에 대하여 이야기해 봅시다.

	결혼식 전	결혼식	결혼식 후	독특한 점
나				

잘 듣고 질문에 답하십시오.

1. 들은 순서대로 번호를 쓰십시오.

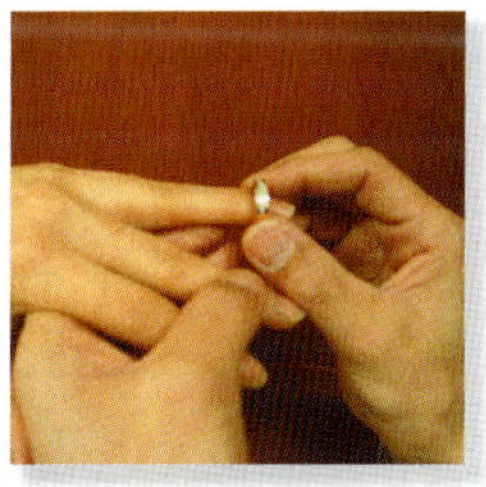

2. 들은 내용과 같은 것을 고르십시오.
   ① 함은 결혼식 전에 신랑이 지고 갑니다.
   ② 성혼 선언문은 부부가 된 것을 알리는 것입니다.
   ③ 신랑과 신부 부모님께 폐백을 올립니다.
   ④ 한국에서는 신혼 여행에 친구들이 동행합니다.

여러분 나라와 다른 점에 대해 이야기해 보십시오.

왕영 : 중국에서는 피로연이 화려해요. 보통 호텔이나 대형 연회장에서 하는데 신랑, 신부가 피로연장 앞에서 하객을 맞는 것으로 시작해서 모든 하객에게 술을 따라 주는 것으로 끝나요.

결혼식을 새롭게 구성한다면 어떤 순서를 넣고 싶습니까? 새롭게 넣은 절차에 알맞은 이름을 붙여 보십시오.

문 법

• 가정 표현

1 다음과 같은 경우를 상상해 봅시다. 만약에 이렇게 된다면 어떻게 될까요?

	만약에	어떻게 될까? / 어떻게 할까?
1	서울에서 부산까지 시속 50km로 간다.	
2	회사에 매일 10분씩 지각한다.	
3	내가 선생님이다.	

2 밑줄 친 부분의 공통점에 대하여 이야기해 봅시다.

만약에 내가 나비라면 꽃 같은 당신에게 훨훨 날아갈 텐데.
계속 그렇게 먹지도 않고 살을 빼다가는 영양실조에 걸릴 거예요.
철수가 내년에도 회장을 맡는다고 치자. 그럼 부회장은 누가 하지?
올 상반기와 같은 호황이 계속된다면 올해 매출은 작년의 두 배를 웃돌 것입니다.

3 밑줄 친 부분의 차이점에 대하여 이야기해 봅시다.

1. 사람들은 건강에 자신이 있으면 매사에 활기가 넘치게 된다.
   컴퓨터 모니터를 너무 가까이에서 쳐다보면 눈이 나빠진다.
2. 복권에 당첨된다면 해외 여행을 다니면서 각국의 음식을 마음껏 먹고 싶다.
   내가 대통령이 된다면 공휴일을 지금의 두 배로 늘리겠다.

• **'-(으)면'과 '-다면'**

1. -(으)면 : 믿을 만한 사실을 조건으로 삼는 표현. 특정한 때를 가정하여 말할 때 자주 쓰인다.
   계속해서 운동을 하지 않으면 건강이 나빠질 것이다.
   나이가 들면 누구나 흰머리가 생긴다.
2. -다면 : 어떤 상황을 가정하여 조건으로 삼는 표현. 비현실적인 가정에도 자주 쓰인다. 간접적인 의미가 있다.
   네가 도와주지 않았다면 일을 그렇게 빨리 끝낼 수 없었을 거야.
   내가 너라면 이번에 받은 장학금으로 여행을 갈 거야.

• **-다고 치다**

어떤 상황이라고 생각하거나 가정할 때 쓴다.
선풍기를 하루 종일 틀어 놓는다고 치자. 그런다고 이 더위가 가시겠는가?
내년에 그분이 국회의원으로 출마한다고 쳐도 승리를 보장할 수는 없다.
도서관에 책을 두고 왔는데 찾을 수가 없네요. 그냥 기증했다고 치지요. 뭐.

4 '-다고 치다'를 사용하여 다음 대화를 완성하십시오.

1. 가 : 인정할 건 솔직히 인정해야지. 그 파일이 손상된 건 분명히 네 실수잖아.
   나 : 그래, ______________. 처음에 네가 그 일을 나한테 미루지 않았다면 이런 일이 생겼겠니?

2. 가 : 분명히 일주일 전에 보고서를 다 썼는데 어디 있는지 찾을 수가 없어.
   나 : 그냥 ______________고, 다시 작성하는 게 낫겠어.

3. 가 : 물건 값을 내리면 판매량이 좀 늘어나지 않을까요?
   나 : ______________도, 워낙 이익이 적기 때문에 버는 돈은 마찬가지예요.

5 〈보기〉에서 알맞은 표현을 골라 다음 글을 완성하십시오.

한국 사람이라면 누구나 알고 있는 속신 중에 섣달 그믐밤에 잠을 ______________ 눈썹이 하얗게 된다는 말이 있다. 또한 설날 밤에 '야광이'라는 귀신이 인가에 들어와 사람들의 신을 신어 보고, 자기 발에 ______________ 신고 간다는 속설도 있다. 그래서 섣달 그믐밤에는 아이들과 어른들이 모두 신을 방 안에 들여놓는다. 만일 신발을 ______________ 그해 운수가 나쁘기 때문이다. 야광이가 신을 가져가지 못하게 하는 방법이 하나 더 있다. 대문 위에다 체를 ______________ 야광이의 신발 도둑질을 막을 수 있다는 것이다. 야광이가 와서 체의 구멍을 세다가 신을 신어 보는 것을 잊어버리고, 새벽닭이 울면 물러간다고 한다. 요즘에는 체가 있는 가정이 많지 않은데, 정말로 야광이가 섣달 그믐밤에 온다면 무엇을 걸어 두어야 할까?

〈보기〉	한국 사람이다	걸어 두다	잃어버리다	맞다	오다	울다	자다

여러분 나라에서 특별한 날 주는 선물에는 어떤 것이 있습니까? 또 피해야 하는 선물에는 어떤 것이 있습니까?

다음 글을 읽고 질문에 답하십시오.

집들이 선물

한국 사람들은 다른 사람의 집을 방문할 때 선물을 가지고 가는 것이 보통입니다. 작은 것이라도 성의 있게 준비한 물건이나 음식을 가지고 가지요. 정성스런 선물은 서로 간의 '정(情)'을 확인하게 해 줍니다.

새로 꾸민 신혼집이나 이사한 집에 친구나 친척 등을 초대하는 것을 '집들이'라고 합니다. '처음으로 집에 들어오게 한다'는 의미겠지요. 집들이에 갈 때에는 평소보다 좀 더 특별한 선물을 준비합니다. 집들이 때는 어떤 것을 가지고 갈까요? 한국에서 다른 사람의 집들이에 가 보셨나요? 어떤 선물을 가지고 가셨어요?

집들이 선물로는 뭐니 뭐니 해도 세제나 화장지가 제일이지요. 한국 사람들은 집들이에 초대 받았을 때 대개 세제나 두루마리 휴지 등을 가지고 갑니다. 물론 신혼집에 갈 경우에는 신부가 미처 준비하지 못한 가전제품이나 가재도구를 사 가는 경우도 있지만요.

세제는 슈퍼에 '집들이 세트'라는 이름으로 판매되고 있을 정도로 일반적인 선물입니다. 세제를 사 가는 데에는 나름대로 이유가 있습니다. 세제의 원래 기능인 '더러움 제거'와는 별개로 세제의 다른 특성과 관련이 있습니다. 세제를 쓸 때 거품이 많이 나지요? 세제는 빨래를 비빌수록 더 많은 양으로 불어납니다. 바로 여기에 세제의 수수께끼가 있습니다. 지금보다 훨씬 많은 돈을 모으고, 많은 자녀를 낳고, 기타 등등 좋은 일이 많이 생기라는 바람이 세제 선물 속에 담겨 있는 의미입니다.

두루마리 화장지도 마찬가지입니다. 두루마리 화장지가 끊임없이 계속 나오듯이 좋은 일이 많이 생기라는 의미입니다. 재미있는 것은 이 두 가지가 단순히 '의미'에서 끝나지 않고 '실용성'을 함께 갖추고 있다는 겁니다. 세제와 화장지는 의미도 좋지만 일상 생활에서 계속 사용되는 것이니 실용적이어서 주는 사람이나 받는 사람 모두에게 기분 좋은 것이지요. 좋은 의미로 주니 좋고, 받는 사람은 실용적으로 쓰니 좋고. 누이 좋고 매부 좋고 아니겠어요? 게다가 아무리 쌓아 놓아도 상하지 않잖아요. 난로를 많이 쓰던 시절에는 성냥이나 초를 선물했습니다. 난로를 쓰니 성냥이 꼭 필요했는데, 성냥의 의미는 '불처럼 확 일어나라', '살림이나 사업이 크게 번창하라'는 의미였지요. 초도 마찬가지입니다.

여러분 나라에서는 어떤 선물을 합니까? 특별한 의미가 있습니까?

1. 이 글의 내용과 같은 것을 모두 고르십시오.

① 한국인은 특별한 날에만 선물을 한다.
② 다른 사람의 집에 갈 때에는 선물을 하는 것이 일반적이다.
③ 다른 사람의 집에 음식을 가져갈 때도 있다.
④ 집들이 선물로는 좀 비싼 것을 하는 것이 일반적이다.

2. 집들이 때 세제나 화장지를 선물하는 이유를 모두 고르십시오.

① 신부가 미처 준비하지 못했기 때문에
② 의미도 좋지만 실용성이 있어서
③ 오랫동안 쓸 수 있으므로
④ 좋은 일이 많이 생기라고

3. '누이 좋고 매부 좋고' 와 같은 의미인 것을 모두 고르십시오.

① 꿩 먹고 알 먹고
② 일석이조(一石二鳥)
③ 까마귀 날자 배 떨어진다.
④ 고운 사람 미운 데 없고 미운 사람 고운 데 없다.

의미와 실용성을 고려한 선물을 생각해 봅시다.

〈보기〉 생신 선물
고향에 계신 어머니의 생신입니다. 어머니의 생신은 쌀쌀한 바람이 부는 초겨울입니다. 언제나 어머니를 생각하는 제 마음을 기억하며 겨울을 지내시라고 포근한 스웨터를 선물하려고 합니다.

- 승진
- 결혼
- 입학
- 정년 퇴임

집들이 성의 정성스럽다 정 세제 화장지 미처 가재도구 별개로 비비다
수수께끼 바람 두루마리 끊임없이 실용성 누이 좋고 매부 좋고 상하다 번창하다

- **-(으)니 -(으)니 해도 / -느니 -느니 해도**
  좋으니 안 좋으니 해도 구관이 명관이더라고요.
  뭐니 뭐니 해도 오래된 친구가 제일이지요.
  혼자 사는 게 속 편하다느니 결혼하면 고생이라느니 해도 결혼하면 다 행복해 하더라고요.
- **-(으)로는 -이/가 제일이다**
  양식이니 뷔페니 해도 피로연 음식으로는 역시 갈비탕이 제일이에요.
  설악산이니 경포대니 해도 수학여행지로는 제주도가 제일이죠.

읽기 2

가장 좋아하는 명절에 대해서 이야기해 봅시다. 그 명절을 좋아하는 이유는 무엇입니까?

다음 글을 읽고 질문에 답하십시오.

1

좋은 날 '추석'

추석은 음력 8월 15일로 '한가위', '가위', '중추절' 이라고도 합니다. 추석은 여름처럼 덥지도, 겨울처럼 춥지도 않아 일 년 중 가장 생활하기 좋고, 온갖 곡식과 과일이 무르익어 사람들의 마음이 가장 풍족한 시기입니다. 그래서 '더도 말고 덜도 말고 늘 한가위만 같아라.' 는 말이 생겨나기도 했습니다.

추석에는 흩어져 살던 가족이 한자리에 모여 차례를 지낸 다음, 조상의 산소를 찾아가 성묘를 합니다. 그리고 정성껏 차린 음식을 나눠 먹고 그동안 못 나눈 이야기를 나누며 회포를 풉니다.

2

송편

아직 결혼을 하지 않은 처녀 총각들은 '어떤 신랑 · 신부를 만날까' 하는 것이 궁금하기 마련입니다. 기왕이면 멋진 배우자를 만나고 싶은 것이 처녀 총각들의 욕심입니다. 추석 전날 저녁 밝은 달을 보면서 소원을 빌고 가족들이 모여 송편을 만드는데, 송편을 예쁘게 만들면 좋은 배우자를 만나고 잘 못 만들면 못생긴 배우자를 만나게 된다는 이야기가 있습니다. 그래서 아직 시집 안 간 처녀들은 송편을 예쁘게 만들려고 노력합니다.

추석은 수확기이므로 여러 가지 음식이 많습니다. 그중에서도 송편은 햅쌀에다가 콩, 팥, 대추, 깨 등 다양한 곡물을 이용하여 만들기 때문에 영양이 풍부합니다. 또한, 솔잎의 향이 배어 있어서 송편을 베어 물 때마다 입 안 가득 솔잎의 향기가 퍼집니다.

이번 추석에는 밝은 달을 쳐다보면서 송편을 만들어 보세요. 멋진 배우자의 모습을 기대하면서.

3

반보기

지금은 사라진 옛 추석 풍속 중에 '반보기' 가 있습니다. 추석이 지난 다음 서로 만나고 싶은 사람들끼리 날짜와 장소를 미리 정하고 만나는 것입니다. 중간 지점에서 만났으므로 '반보기' 라고 했습니다. 어머니와 시집간 딸이, 또는 안사돈끼리 제각기 음식과 토산물을 가지고 양편 집의 중간쯤 되는 시냇가나 고개의 적당한 곳에 모여 하루를 음식과 이야기로 즐겼습니다. 또한, 마을의 여인들이 이웃 마을의 여인들과 경치 좋은 곳에 모여 우정을 두터이 하며 하루를 즐기는 경우도 있었습니다. 이때 각 마을의 소녀들도 단장하고 참여하게 되므로 자연스럽게 며느릿감을 선정하는 기회가 되기도 하였습니다. 평소에는 일과 생활에 얽매여 있었던 기혼 여성들이 모처럼 자유를 누리는 기회가 바로 추석이었습니다. 바쁜 농사일이 어느 정도 끝나는 시기이기 때문입니다.

1. 이 글의 내용을 고려하여 제목을 문장으로 바꿔 보십시오.

1	좋은 날 '추석'	
2	송편	"멋진 신랑감을 기대하면서 송편을 만들어 보세요."
3	반보기	

2. 이 글의 내용과 같은 것을 모두 고르십시오.
   ① 추석은 수확기이므로 농사일이 가장 바쁠 때이다.
   ② '추석의 풍성함이 늘 있기를 바란다' 는 내용의 속담도 있다.
   ③ '반보기' 에는 남성들도 함께 참여했다.
   ④ 송편은 다양한 곡물로 만든다.

3. '회포를 풉니다' 의 의미는 무엇입니까?

4. 반보기가 자연스럽게 며느릿감을 선정하는 기회가 된 이유는 무엇입니까?

재미있는 명절 풍속에 대하여 이야기해 봅시다.

무르익다 풍족하다 산소 성묘 회포를 풀다 배우자 수확기 햅쌀 곡물 배다 베어 물다 반보기 안사돈 토산물 두터이 단장하다 며느릿감 얽매이다 기혼 모처럼 누리다

'ㅐ' 와 'ㅔ' 의 구별

1. 발음 구별하기
   '개' 와 '게', '내가' 와 '네가', '배어 있다' 와 '베어 물다'
2. 대추, 시냇가, 고개
   'ㅐ' 는 현실적으로 [ㅔ]로 발음되는 경우가 많다. [대추 / 데추], [시내까 / 시네까], [고개 / 고게]

쓰 기

- 단어 연상하기
- 생각 메모하기
- 주어진 주제에 따라 글 쓰기
- 생각 보완하기

1 연상되는 단어를 10개씩 쓰십시오.

- 명절
- 생일
- 크리스마스
- 결혼

2 기억에 남는 날을 하나 고른 후 다음 항목에 메모하십시오.

- 장소
- 그곳에 있었던 사람
- 음식
- 들었던 말
- 그날의 추억을 담은 사진
- 기억에 남는 장면
- 가장 재미있었던 사건

3 위의 내용을 바탕으로 '내 인생에서 가장 멋진 날'이라는 주제로 글을 쓰려고 합니다. 글을 쓰기 전에 다음 항목에 메모하십시오.

- 제목
- 꼭 써야 할 단어 ① ② ③
- 꼭 써야 할 문장 ① ② ③

짝 활동 글을 쓰기 전에 구상한 내용을 보완해 봅시다.

제목 정하기	• 글의 구상 내용을 들은 사람은 적합한 제목을 두 개 정도 추천하십시오. • 글을 구상한 사람은 이미 정했던 제목을 이야기하십시오. • 가장 적합한 제목을 함께 결정하십시오.
질문하고 답하기	• 글의 구상 내용을 듣고 이해가 안 되거나 보충이 필요한 부분을 질문하십시오. • 글의 전체적인 인상, 재미있는 부분, 더 생각해 보아야 할 부분에 대해 이야기해 보십시오.

4 앞에서 이야기한 내용을 참고하여 글을 완성하십시오.

말하기

- 의견 조율하기
- 상황에 맞는 인사하기
- 정해진 시간 내에 말하기
- 각국의 설날 풍습 비교하기

짝활동 두 사람의 의견이 각각 다릅니다. 다음 표현을 활용하여 상황에 알맞은 대화를 만들어 보십시오.

-(으)니 할 수 없지요 -(으)면 얼마나 -겠어요 -이/가 다 뭐예요

1. 빌리와 나오코가 정은의 생일 선물을 고르고 있다. 빌리는 가죽 가방을 사자고 하고 나오코는 시집을 사자고 한다. 나오코는 생일 선물로 부담스러운 것을 하고 싶지 않다.
2. 정은과 빌리가 설날 학교 앞에서 만났다. 빌리는 설날이니만큼 경복궁, 창경궁 등 고궁에 가자고 하고 정은은 놀이동산에 가자고 한다. 빌리는 놀이동산이 멀어서 가기 싫다.
3. 정은과 민정이 강의가 끝난 후에 명동에서 만났다. 지금은 저녁 6시. 정은은 점심도 못 먹었기 때문에 배가 매우 고프다. 그러나 민정은 점심을 늦게 먹어서 밥을 먹고 싶지 않다. 민정은 정은에게 차를 마시러 가자고 이야기한다.

- **-(으)니 할 수 없지요**
  불가능하다고 생각하여 포기하는 이유나 상황을 제시할 때 사용한다.
  소풍을 가려 해도 비가 이렇게 많이 오니 할 수 없지요.
  김 선생님께서 말리시니 할 수 없지요. 다음 주로 미루는 수밖에요.
- **-(으)면 얼마나 -겠어요?**
  두 개 이상의 사물을 비교하여 그 가치가 별로 크지 않음을 표현한다.
  쌍둥이 형의 키가 크면 얼마나 더 크겠어요? 도토리 키재기지요.
  어린아이가 먹으면 얼마나 먹겠어요? 이 정도면 충분할 거예요.
- **-이/가 다 뭐예요?**
  다른 문제도 있으므로 그것에 대해서는 말할 필요도 없다는 뜻으로 사용한다.
  예습이 다 뭐예요? 숙제도 다 못했는데요.
  일도 아직 안 끝났는데 휴가가 다 뭐예요?

다음의 각 상황에서 어떤 인사를 할 수 있습니까? 호의를 전달할 수 있는 가장 좋은 인사말이 무엇인지 이야기해 봅시다.

- 선배가 직장에서 승진 시험에 합격했다. 다음 달에 과장으로 진급을 한다고 한다.
- 아끼는 후배가 입학 시험에 떨어졌다. 실의에 빠진 후배를 위로해 주고 싶다.
- 친한 친구의 아버님이 돌아가셨다. 장례식장에 가야 하는데 어떤 옷을 입고 가야 하나? 그리고 어떤 말로 위로할까?

표현
- **축하할 때 :** 진급하신 것을 축하드립니다.
- **위로할 때 :** 너무 실망하지 마. 다음에 더 좋은 기회가 오겠지.
- **조문할 때 :** 얼마나 상심이 크십니까? 뭐라고 위로의 말씀을 드려야 할지 모르겠습니다.

오늘은 12월 31일입니다. 올해의 마지막 날입니다. 이제 두 시간만 있으면 새해가 시작됩니다. 앞에는 딱 1분 동안 만 불을 밝히는 촛불이 켜져 있습니다. 1분 동안 새해의 소망을 말해 보십시오.

모둠 활동 여러 나라의 새해 풍습을 알아보십시오.

	한국			
양력 / 음력	음력			
명칭	설날			
전날에는	청소, 목욕, 음식 준비			
의상	한복			
아침 인사	"새해 복 많이 받으세요."			
아침에 하는 특별한 행사	차례, 세배			
음식	떡국			
놀이	윷놀이, 널뛰기, 연날리기			

1. 설 전날 재미있는 행사를 하는 나라가 있습니까? 어떤 행사를 합니까?

2. 각 나라의 독특한 아침 인사가 있습니까? 어떤 인사가 재미있습니까?

3. 설 전날이나 설날 아침에 하는 특별한 행사에 대해서 말해 봅시다.

4. 여러분 나라의 재미있는 놀이를 소개해 보십시오. 다른 나라와 비슷한 놀이가 있는지 비교해 봅시다.

제 3 과 언어 학습

주제 : 한국어 학습, 대화의 시작, 언어와 문화
외국어 학습 방법

문법 / 표현 : 상대 높임법
앞에 나온 화제를 유지할 때

도 입

한국어를 배울 때의 경험을 이야기해 봅시다.

	경험
재미있었던 일	
어려웠던 점	• 우리말에 없는 발음을 연습하느라고 아주 어려웠어요. • 한국어에는 받침이 있어서 읽기가 어려웠어요.
신기했던 것	
실수했던 일	

다음을 무엇이라고 합니까? 이들을 정확하게 구별할 수 있습니까?

밥

다음 그림을 보고 연상되는 소리를 생각해 보십시오.

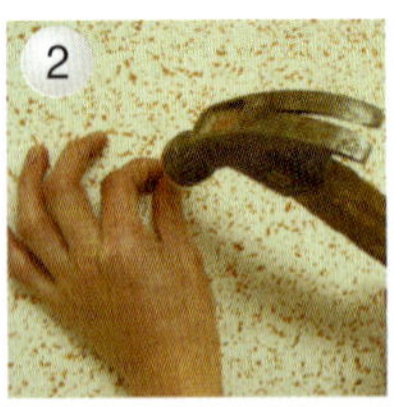

1. 여러분 나라에서는 그 소리를 어떻게 표현합니까?

2. 그림에 맞는 소리를 찾아보십시오.

개굴개굴	칙칙폭폭	쾅쾅	꼬끼오	짝짝짝
쨍그랑	콜록콜록	꼬르륵	부릉부릉	째깍째깍

듣기 1

한국어 학습에서 중요하다고 생각하는 것의 순서를 매긴 후 〈보기〉와 같이 이야기해 보십시오.

□ 말하기	□ 듣기	□ 읽기	□ 쓰기
□ 문법	□ 어휘	□ 발음	□ 기타 (　　　　　　)

〈보기〉

빌　리 : 나는 문법이 제일 중요하다고 생각해. 문법을 정확히 알고 있으면 상황에 맞는 대화를 얼마든지 만들 수 있거든.

나오코 : 나는 생각이 좀 달라. 문법을 아무리 많이 알아도 말로 표현할 수 없으면 아무 소용이 없잖아? 나는 말하기가 제일 중요하다고 생각해.

왕　영 : 뭐니 뭐니 해도 발음이 제일 중요하지 않을까? 발음이 정확하지 않으면 아무리 제대로 표현한다고 해도 상대방이 알아들을 수 없을 테니까 말이야.

잘 듣고 질문에 답하십시오.

1. 들은 내용과 같은 것을 고르십시오.
   ① 나오코는 쓰기 연습을 많이 하였다.
   ② 라우라는 아직 한국어의 높임법에 익숙하지 않다.
   ③ 빌리는 처음 한국어를 배울 때 발음을 잘하지 못하였다.
   ④ 왕영은 한국어의 어순이 중국어와 달라서 어렵다고 하였다.
2. 라우라는 어떤 실수를 했습니까?
3. 나오코와 왕영은 한국어를 처음 배울 때 무엇이 어려웠다고 합니까?
4. 빌리는 글자를 정확하게 쓰기 위해 어떤 노력을 했습니까?
5. 여러분이 한국어 선생님이라면 라우라, 나오코, 왕영에게 뭐라고 조언하겠습니까?

여러분이 한국어를 배우면서 실수한 경험을 이야기해 봅시다. 실수라는 것을 알았을 때 어떻게 했습니까?

모둠 활동 한국어를 배울 때 무엇이 가장 어렵습니까? 어려움을 극복하기 위해 어떤 노력을 합니까? 〈보기〉와 같이 이야기해 보십시오.

〈보기〉

가 : 저는 한국어의 높임법이 어려웠어요. 같은 뜻인데 듣는 사람에 따라 다른 단어를 써야 하는 게 아주 어려웠어요.

나 : 말이 나왔으니까 말인데 저는 지금도 높임법이 쉽지는 않아요. 언젠가 친구 할아버지께 '밥 먹었어요?' 라고 말했다가 난처했던 적도 있었어요.

다 : 저는 한국어를 배운 지 꽤 되었는데 아직도 글을 길게 쓰기가 어려워요. 쓰는 연습을 많이 해야 할 것 같아요.

라 : 잘됐네요. 그렇지 않아도 같이 쓰기 연습을 할 친구를 찾고 있었는데. 저랑 이틀에 한 번씩 편지를 주고받는 게 어때요?

표현

- **앞에 나온 화제를 유지할 때**

1. -(으)니까 말인데 : 앞의 내용을 근거로 해서 다른 사람에게 조언하거나 자신의 의견을 제시할 때 쓴다.
   - 가 : 요즘 복지 시설에 성금이 줄었대요.
     나 : 말이 나왔으니까 말인데 우리도 올해부터 복지 시설에 정기적으로 성금을 보내는 게 어떨까요?
   - 가 : 다음 학기에 중국으로 유학을 가기로 했어요.
     나 : 유학을 간다니까 말인데 국내에 있을 때보다 몇 배는 열심히 공부해야 할 거야.
2. 그렇지 않아도 : 상대방의 어떤 행위를 보거나 말을 듣고, 말하는 사람이 자기도 그와 같은 생각을 이미 하고 있었음을 말할 때 쓴다.
   - 가 : 퇴원한 지 얼마 되지 않았는데 너무 무리하지 마세요.
     나 : 그렇지 않아도 좀 피곤해서 일을 줄이려던 참이었어요.
   - 가 : 안녕하세요, 오랜만에 뵙겠습니다.
     나 : 어서 오게. 그렇지 않아도 자네를 부르려고 했네.

대화

빌 리 : 모두 인사하세요. 이번에 한국어를 배우러 온 친구 라우라예요.
라우라, 나랑 한국어를 같이 배웠던 친구들이야. 나오코 씨는 일본에서 왔고, 왕영 씨는 중국에서 왔어.

라우라 : 안녕하세요? '라우라'라고 합니다.

왕 영 : 라우라는 한국어를 배운 지 얼마나 되었어요?

라우라 : 네 달 되었어요. 하지만 아직 잘하지는 못해요.

나오코 : 네 달 배운 것치고는 잘하는데요, 뭘.

빌 리 : 맞아. 지금이니까 말인데, 나도 처음에는 한국어가 영어와 어순이 달라서 이상한 문장을 많이 만들었어.

라우라 : 그렇지 않아도 얼마 전에 선생님하고 식사하러 갔다가 큰 실수를 했어요.

왕 영 : 무슨 실수를 했는데요?

라우라 : 주문할 때 "선생님, 무슨 식사 먹을 거예요?"라고 했거든요.

빌 리 : 하하하! 그랬더니 선생님이 뭐라고 하셔?

라우라 : 선생님이 웃으시면서 "저는 김치찌개를 먹고 싶은데, 학생님께서는 뭘 드시겠습니까?" 하셨어요. 저는 '무엇이 잘못되었구나' 하고 생각했지요.

빌 리 : 하하, 선생님께서 유머 감각이 있으시네. 맞아, 상황에 맞게 높임법을 쓰기가 어렵지. 나오코는 한국어를 처음 배울 때 어땠어?

나오코 : 나는 발음이 어려워서 고생을 좀 했어. 받침을 발음하는 게 좀 어렵더라고.

라우라 : 왕영 씨는 무엇이 제일 어려웠어요?

왕 영 : 정확하게 쓰기가 어려웠어요. 소리 나는 대로 쓰면 된다고 생각했는데 그게 아니었어요.

빌 리 : 나도 처음에는 쓰기가 어려웠는데 틈나는 대로 틀린 글자를 다시 고쳐 써 보는 연습을 했더니 조금 나아지더라.

왕 영 : 그렇죠. 열심히 연습하는 수밖에는 달리 방법이 없어요.

한국어 학습 경험을 바탕으로 대화를 만들어 보십시오.

어순 유머 감각 높임법 발음 틈나다

듣기 2

여러분은 오늘 가장 먼저 만난 사람과 어떤 내용으로 대화를 시작했습니까?

☐	인사말로 시작한다.	"안녕하세요?"
☐	날씨에 관해 이야기한다.	"오늘은 정말 날씨가 맑네요."
☐	안부를 묻는다.	"잘 지냈어요? 주말에 뭐 했어요?"
☐	도움을 요청한다.	"미안하지만, 책 좀 잠깐 보여 줄래?"
☐	새로운 사실을 알려 준다.	"다음 주에 명동에서 축제가 있대요."
☐	느낌을 표현한다.	"오늘은 기분이 참 상쾌하네요."
☐	상대방에 대한 호감을 표시한다.	"옷이 아주 멋지군요."

친밀하지 않은 사람과 사업상 만났을 때에는 어떻게 대화를 시작하는 것이 좋을까요?

잘 듣고 질문에 답하십시오.

1. 이 강의에서 대화를 시작하는 방법으로 제시된 것을 모두 고르십시오.
   ① 상대방의 안부를 묻는다. ② 자신을 소개한다.
   ③ 먼저 눈을 맞추며 말한다. ④ 인사말을 건넨다.

2. 처음 만난 사람과 대화할 때 내가 먼저 시작하는 것이 좋은 이유를 두 가지만 고르십시오.
   ① 상대방을 칭찬하기가 쉽다. ② 적극적인 사람이라는 인상을 준다.
   ③ 상대방에 대해서 더 잘 알 수 있다. ④ 대화가 끊어지지 않게 할 수 있다.
   ⑤ 자연스럽게 시작할 수 있다. ⑥ 상대방에게 친밀감을 줄 수 있다.

다음은 대화를 시작하는 여러 전략입니다. 각 전략에 맞는 예를 빈칸에 모두 적어 보십시오.

1. 도움 요청하기 ______ 2. 주변 환경에 대해서 말하기 ______
3. 인사하기 ______ 4. 정보 교환하기 ______
5. 느낌이나 의견 말하기 ______ 6. 소개하기 ______

〈보기〉
① 이 식당은 불고기가 맛있어요. ② 이 책상 좀 옮겨 주실래요?
③ 이분은 저희 선생님이십니다. ④ 여기가 이렇게 붐비지는 않았는데…….
⑤ 오늘 옷차림이 참 멋있으시네요. ⑥ 그동안 어떻게 지내셨어요?
⑦ 이 버스는 광화문까지 갑니다. ⑧ 저는 이 학교에 다니는 학생입니다.
⑨ 우리 학교는 주택가에 있어서 조용해요. ⑩ 표정을 보니까 기분이 좋아 보이는데?

문 법

• 상대 높임법

1 어떤 상황에서 나누는 대화입니까? 두 사람은 어떤 관계입니까?

가 : 안녕하십니까? 잘 부탁드립니다.
나 : 어서 오게. 그래, 시험은 잘 보았나?
가 : 네, 문제가 쉽지는 않았지만 최선을 다했습니다.
나 : 무엇을 전공하려고 하는가?
가 : 대학에서 전공한 분야를 조금 더 깊이 있게 공부해 보려고 합니다.
나 : 그래, 열심히 하게. 꼭 합격하길 바라네.

2 다음 글을 읽고 질문에 답하십시오.

1 오늘의 날씨입니다. 오늘은 대륙성 고기압의 영향으로 전국이 대체로 맑겠으나, 제주 지방은 흐리겠습니다. 오늘 낮 최고 기온은 2도에서 8도로, 어제보다 3도 정도 높겠습니다. 바다의 물결은 전 해상에서 1미터에서 2.5미터로 일겠습니다.

2 영수 보아라.
엄마랑 아빠는 병원에 간다. 할머니께서 편찮으셔서 입원하셨단다. 너도 오후에 병원으로 오너라. 병실은 아직 모르겠다. 한 시쯤 아빠 핸드폰으로 전화해라. 밥은 식탁에 차려 놓았으니까 혼자 먹어라.

3 엄마께,
기다리다가 지금 나가요. 친구랑 약속이 있거든요. 조금 있다가 팩스가 한 장 올 거예요. 중요한 거니까 엄마가 꼭 챙겨 주세요. 참, 돈이 없어서 엄마 지갑에서 3만원 가져가요.

4 성호에게,
미안해, 기다리게 해서. 도서관에 갈 일이 생겼거든. 한 30분 정도 걸릴 것 같은데, 혹시 시간이 더 걸릴지도 모르겠어. 기다려 줄 거지? 갔다 와서 맛있는 거 사 줄게.
오후 3시 50분에 영희가.

1. 1 ~ 4 에서 사용된 높임 또는 낮춤의 요소를 찾아보십시오.

2. 높임의 등급에 따라 1 ~ 4 를 순서대로 배열하십시오.

3 미술관이나 박물관 등에서 전시물을 관람할 때에는 관람객들이 지켜야 할 사항이 있습니다. 〈보기〉와 같이 주의 사항을 적어 보십시오.

〈보기〉
• 사진을 찍지 마시오.
• 전시물을 만지지 마시오.

· **조금 높임 : -(으)시오**

구어에서는 잘 쓰이지 않고, 주로 표지판 · 안내문 같은 문어체에서 명령형으로 쓴다.

- 잔디밭에 들어가지 마시오.
- 작품에 손대지 마시오.

4 김 교수님은 제자에게 말씀하실 때 '조금 낮춤'의 표현을 씁니다. 다음 문장을 〈보기〉와 같이 김 교수님의 말투로 바꾸어 보십시오.

〈보기〉
- 조금 전에 일을 모두 끝냈다. ➡ 조금 전에 일을 모두 끝냈네.
- 어제 도서관에서 무슨 책을 읽었니? ➡ 어제 도서관에서 무슨 책을 읽었나?
  ➡ 어제 도서관에서 무슨 책을 읽었는가?

1. 함께 식사를 하러 가자. ➡
2. 오늘은 아주 기분이 좋아 보이는구나! ➡
3. 기말 보고서는 다음 주까지 내라. ➡
4. 지난 주말에는 누구를 만났니? ➡
5. 이번 방학에는 외국에 나가려고 한다. ➡

· **조금 낮춤 : -네, -(으)ㄴ/는가?, -나?, -(는)군, -게, -(으)세**

주로 윗사람이 아랫사람을 대접하여 말할 때 쓴다.

- 몸이 좀 안 좋아서 병원에 다녀와야겠네.
- 무슨 좋은 일이 있는가? 오늘은 아주 기분이 좋아 보이는군.
- 어려운 일이 있으면 언제든지 이야기하게.
- 이번 주말에 무슨 일이 있나? 시간이 있으면 나와 함께 국립 도서관에 가세.

5 다음 상황에서 전화 음성 메시지를 남기려고 합니다. 높임법에 주의하여 말해 보십시오.

1. 교수님께서 부탁하신 일을 아직 다 하지 못했다. 교수님과 이틀 후에 만나기로 했는데 하루 정도의 시간이 더 필요하다. 그래서 교수님의 양해를 구하고 약속을 변경하려고 한다.
2. 며칠 전에 시내에 있는 백화점에서 옷을 샀는데 조금 커서 바꾸려고 한다. 그런데 교환 기한이 오늘까지이다. 나는 학교에서 수업을 받아야 하기 때문에 백화점에 갈 수 없다. 그래서 집에 있는 동생에게 부탁하여 대신 바꿔 오라고 시키려고 한다.
3. 선배와 함께 동아리에서 행사를 준비하고 있다. 선배는 지금 행사에 필요한 물건을 사러 시장에 갔다. 그런데 더 필요한 물건(꽃 한 다발, 볼펜 스무 자루)이 있어 선배에게 사 오라고 전하려고 한다.
4. 나는 대학교 교수이다. 도서관에서 책을 대출 받으려고 하는데 지금 갈 수가 없다. 마침 도서관에 제자가 있어서 책(홍길동 저, 한국의 문화, 한국출판사 2000년 출판)을 빌려 오라고 부탁하려고 한다.

• 상대 높임

한국에서는 대화할 때 공식적 · 비공식적 상황, 그리고 화자와 대화 상대방의 사회적 지위, 나이, 가족 관계, 친분 관계에 따라 문장의 종결 형태가 달라진다.

공식적 상황

1. 아주 높임

   동생이 혼자 밥을 차려 먹었습니다. / 어제 무슨 기분 나쁜 일이라도 있었습니까? / 너무 늦었으니 이제 그만 가십시오. / 도서관에서 떠들지 맙시다. / 오늘은 날씨가 참 시원하군요.

2. 조금 높임

   잔디밭에 들어가지 마시오. / 작품에 손대지 마시오.

3. 조금 낮춤

   이제 막 도착했네. / 어디 가는가? / 어서 오게. / 함께 가세. / 날씨 참 좋네!

4. 아주 낮춤

   동생이 혼자 밥을 차려 먹었다. / 어제 무슨 기분 나쁜 일이라도 있었니? / 너무 늦었으니 이제 그만 가거라. / 도서관에서 떠들지 말자. / 오늘은 날씨가 참 시원하구나.

비공식적 상황

1. 두루 높임

   아기가 자고 있어요. / 지금 뭘 하세요? / 좀 서둘러요. / 우리 점심 같이 먹어요. / 날씨가 참 좋아요!

2. 두루 낮춤

   아기가 자고 있어. / 지금 뭘 해? / 좀 서둘러. / 우리 점심 같이 먹어. / 날씨가 참 좋아!

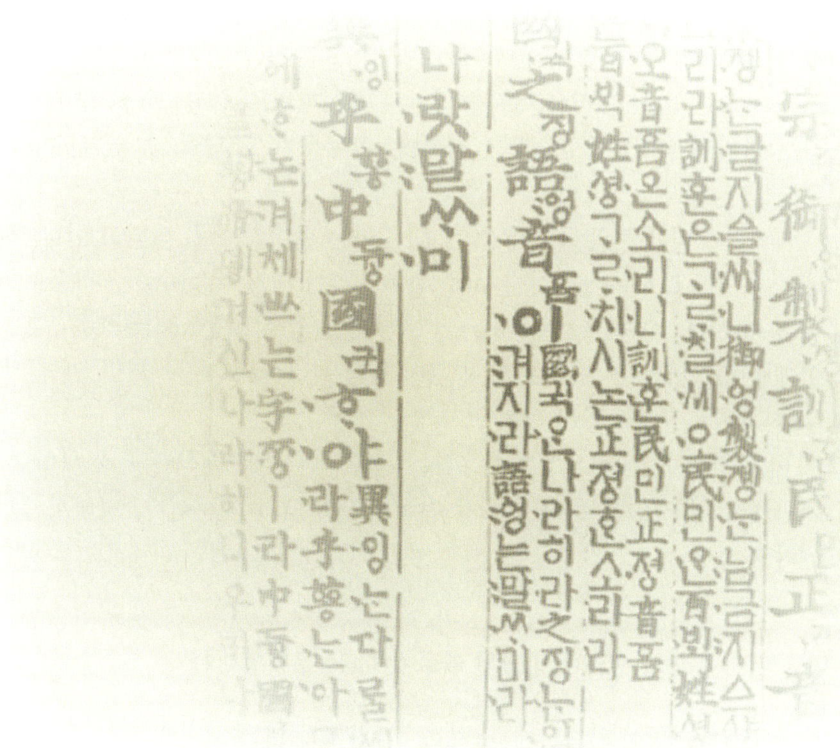

한국어에서 특별히 발달한 문법이나 어휘에 대해 이야기해 봅시다.

다음 글을 읽고 질문에 답하십시오.

언어와 문화

한국어에서는 언어를 통하여 사회적 상하 관계를 표현한다. 내가 먹으면 '밥' 이고, 어른이 드시면 '진지' 가 된다. 또 내가 아프면 '병' 이지만, 어른이 편찮으시면 '병환' 이라고 한다. 이러한 높임말은 외국인들이 한국어를 배울 때 장애가 되기도 한다.

높임말은 한국 사회의 오랜 전통에서 비롯되었다. 한국 사람들은 아주 오랜 옛날부터 농사를 지으며 살아왔다. 사냥이나 고기잡이와는 달리 농사를 지을 때에는 많은 사람들의 단결된 힘이 필요하다. 여럿이 힘을 합쳐 일을 해야 하는 경우가 많기 때문이다. 이때, 여럿의 힘을 하나로 모으기 위해서는 한 사람의 명령에 따라 일사불란하게 행동하는 것이 중요하였다. 가장(家長) 중심의 가족 제도는 이러한 필요에서 비롯된 것이다. 여기에 사회적 지위에 따른 위계 질서를 강조하는 유교 사상이 들어오면서 엄격한 사회적 상하 관계가 형성되었다. 한국어의 높임말은 바로 이러한 사회 · 문화적 배경에서 형성된 것이다.

한국 사람들이 주식(主食)으로 먹는 '쌀' 은 그 성장 과정이나 가공 방법에 따라 다양한 이름으로 불린다. 논에 심기 전의 것을 '모' 라고 하고, 논에서 자라고 있거나 탈곡하기 전의 것을 '벼' 라고 한다. 또한 '쌀' 은 수확한 후 익히기 전의 것을, '밥' 은 '쌀' 을 익힌 것을 말한다. 이것을 영어로 표현한다면 항상 'rice' 가 될 수밖에 없다. 또, '밥' 은 그것을 먹는 사람이 누구냐에 따라 '밥' 이 되는가 하면 '진지' 도 될 수 있다. 그러나 이것을 영어로 표현하면 여전히 'rice' 이다. 더 나아가서는 쌀이나 밥을 가공하는 방법에 따라 '죽' 과 '떡', 심지어는 '누룽지' 도 만들 수 있다. 이런 어휘들은 외국어로 번역하기 곤란하다.

에스키모어에는 '눈(雪, snow)' 을 뜻하는 단어가 아주 많다고 한다. 적게는 8, 9개에서 많게는 200개까지 있다고 하는데, '첫 눈(apikak)', '넓게 퍼진 눈(aniu)', '식수로 쓰는 눈(pukak)', '땅 위에 있는 눈(aput)', '내리는 눈(qana)', '휘날리고 있는 눈(piqsirpoq)', '눈더미(qimuqsuq)' 등이 있다. 이에 비해 한국어의 단어는 대략 '눈, 함박눈, 싸리눈, 진눈깨비' 와 같이 네댓 개 정도밖에는 되지 않는다.

이와 같이 언어는 그것을 사용하는 사람들의 삶의 방식에 따라 다양한 모습을 띠게 된다. 그 사회가 기반으로 하고 있는 문화가 해당 언어에 반영되기 때문이다. 따라서 문화가 다르면 언어도 달라지게 된다.

1. 이 글에서 문화가 언어에 반영된 예로 든 것은 무엇입니까?

2. 한국어에 높임말이 발달하게 된 사회 · 문화적 배경을 설명해 보십시오.

3. '쌀'은 성장 과정이나 가공 방법, 그것을 사용하는 사람의 지위에 따라 다양한 이름으로 불립니다. 이것을 본문에서 찾아 설명해 보십시오.

- 모
- 벼
- 쌀
- 밥

4. 이 글의 핵심어를 찾아서 주제문을 작성해 보십시오.

상하 관계 진지 병환 장애 사냥 일사불란하다 가장 지위 위계질서 가공 모 탈곡하다 수확하다 누룽지 번역하다 휘날리다 눈더미 대략 함박눈 싸리눈 진눈깨비 기반

• -(으)ㄴ/는가 하면

그는 겸손한 면이 있는가 하면 자신만만한 면도 있다.
출퇴근 시간엔 길이 많이 막혀요. 그런가 하면 뜻밖에 차가 잘 빠질 때도 많아요.
오르막길이 있는가 하면 내리막길도 있듯이, 살다 보면 힘들 때도 있고 좋을 때도 있다.

음성 상징어(의성어·의태어)

1 두 개의 어휘 중 하나를 골라 문장을 완성해 봅시다.

• 깔깔 / 껄껄

_____ 웃는 아기의 얼굴은 이 세상의 어느 것보다도 평화스러운 모습이다.
할아버지는 아기의 재롱을 보시고 _____ 웃으셨다.

• 보슬보슬 / 부슬부슬

_____ 내리는 비를 보면 기분이 좋아진다.
찬 바람과 함께 비가 _____ 내리기 시작하였다.

1. 짝을 이룬 단어들은 어떤 느낌의 차이를 갖는지 생각해 봅시다.

2. 각 단어의 짝마다 모음의 차이를 살펴봅시다. 어떤 특징이 있습니까?

2 사전의 풀이를 참고하여 큰말과 작은말을 구분해 봅시다.

보슬-보슬[1] 부 눈 · 비가 가늘고 성기게 조용히 내리는 모양. ¶봄비가 보슬보슬 내리다. 〈큰말〉 부슬부슬.

부슬-부슬[1] 부 눈 · 비가 가늘고 성기게 내리는 모양. ¶부슬부슬 처량하게 내리는 가을비. 〈작은말〉 보슬보슬.

산들산들 부 (바람이) 시원하고 부드럽게 부는 모양. ¶산들산들 부는 봄바람도 상쾌하고, 눈앞에 끝없이 펼쳐진 바다도 후련하기만 하다. 〈큰말〉 선들선들

선들선들 부 (바람이) 서늘하고 부드럽게 부는 모양. ¶선들선들한 바람이 불어 조금 춥게 느껴지는 가을 해질 무렵이었다. 〈작은말〉 산들산들

앙앙 부 ① 어린아이가 크게 우는 소리. ¶자기 책상으로 들어가서야 녀석은 비로소 앙앙 울어 댔다.
② 앙탈을 부리며 칭얼대는 소리. ¶아이는 언니를 따라가겠다고 앙앙 조른다. 〈큰말〉 엉엉

엉엉 부 목놓아 크게 우는 소리나 모양. ¶나는 정말 서럽게 엉엉 울었다. 〈작은말〉 앙앙

- 유리창에 맺힌 물방울이 조르르 흘러내렸다.
- 바람이 불 때마다 나뭇잎에 맺힌 물방울이 주르르 흘러내린다.
- 일주일 만에 만나니 그녀는 살이 쪄서 둥글둥글해 보였다.
- 조그마한 손으로 동글동글하게 만두를 빚었다.
- 배가 살살 아프면서 꾸르륵 소리가 난다.
- 아침부터 아무것도 먹지 않았더니 뱃속에서 꼬르륵 소리가 계속 들렸다.

조르르
주르르
둥글둥글
동글동글
꾸르륵
꼬르륵

작은 말	큰 말

3 다음 단어들을 사전에서 찾아보십시오.

1. 꿀꺽꿀꺽 / 꼴깍꼴깍
2. 깡충깡충 / 껑충껑충
3. 반짝반짝 / 번쩍번쩍
4. 보글보글 / 부글부글
5. 알록달록 / 얼룩덜룩
6. 종알종알 / 중얼중얼
7. 콜록콜록 / 쿨룩쿨룩
8. 찰싹 / 철썩

말소리의 느낌

한국어에는 말 또는 말소리에서 느껴지는 독특한 느낌을 가진 말들이 있다. 같은 뜻을 가진 말이라도 음상(音相)의 차이로 들을 때의 느낌이 달라진다. 자음과 모음의 차이에 따라 느낌이 달라지게 되는 것이다. 대표적인 것이 의성어와 의태어이며, 이 밖에도 형용사와 부사 등에 많다. 자음의 경우에는 '예사소리 〈 된소리 〈 거센소리' 의 순서로 약하고 강한 느낌의 정도 차이가 생긴다. '졸졸 〈 쫄쫄', '깜깜하다 〈 캄캄하다' 등이 그 예이다. 모음의 경우에는, 양성 모음이 '작다, 밝다, 경쾌하다, 가볍다, 명랑하다, 얇다' 의 느낌을, 음성 모음이 '크다, 어둡다, 둔하다, 무겁다, 음울하다, 두껍다' 의 느낌을 표현한다.

읽기 2

여러분은 한국어 이외의 외국어를 배운 적이 있습니까? 효과적인 외국어 학습 방법에 대해 이야기해 봅시다.

다음 글을 읽고 질문에 답하십시오.

1

발음을 쉽게 생각하지 마라.

미국에서 영어를 배우던 한국인이 레스토랑에서 식사를 하고 계산서를 달라고 했다. "Bill, Please." 그런데 웨이터가 가져온 것은 계산서가 아니라 맥주였다. 순간 그는 당황했지만 맥주를 마시고 다시 계산서를 요구했다. 그러나 또다시 맥주가 그의 식탁에 놓였다. 결국 그는 맥주를 세 병이나 마신 다음에야 계산서를 받을 수 있었다. 분명히 뜻을 알고 있었지만 그는 'Bill' 과 'Beer' 의 발음을 구분하지 못했던 것이다. 발음은 학습자들이 생각하는 것보다 훨씬 더 중요하다. 물론, 외국인이 발음을 완벽하게 할 수는 없다. 어떤 언어든 음가의 차이가 있기 때문이다. 문제는 얼마나 비슷하게 발음하느냐 하는 것인데, 그러자면 빨리 말하는 것보다 천천히 정확하게 발음하는 연습이 필요하다. 천천히 연습하면서 그것이 익숙해졌을 때 속도를 점점 높여 가는 것이 좋다.

2

외국어를 배울 때, 자신이 한 말이 틀려서 창피할까 봐 말을 잘 하지 않는 경우가 많다. 읽기와 듣기는 어느 정도 하는데 말하기를 잘 못하는 사람들은 대부분 이런 경우에 해당한다. 그러나 말을 직접 해 보아야 자신이 무엇을 모르는지 알 수 있다. 또, 실수를 통해서 배운 표현은 잘 잊히지 않는다. 자꾸 틀려 봐야 무엇을 잘 못하는지 알게 되는 것이다. 그러니 조금 쑥스럽더라도 다른 사람과 말하는 기회를 자주 갖는 것이 좋다.

외국어는 외운다고 되는 것은 아니지만 자주 쓰는 표현을 중심으로 4, 5백 개 정도의 문장을 외워 두면 일상 생활에는 큰 지장이 없다고 한다. 그러나 이것만으로는 충분치 않다. 지나치게 틀에 박힌 문장만 알고 있으면 조금만 어려운 주제가 나와도 꿀 먹은 벙어리가 되기 때문이다. 그러므로 말을 잘하려면 다양한 분야의 어휘와 표현을 익혀 두어야 한다.

3

단어를 공부할 때에는 특히 속담이나 숙어와 같은 관용어를 공부하는 것이 중요하다. 이러한 단어는 원래의 뜻대로 쓰이지 않고 전혀 다른 뜻을 나타내는 것이 대부분이므로 반드시 사전을 찾아 그 뜻을 이해하고 있어야 한다. 이러한 관용어를 많이 익히기 위해서는 소설 작품을 찾아 읽는 것도 좋은 방법이다.

또한, 단어 공부를 할 때에는 자기가 배우는 외국어로 된 사전을 보는 것이 좋다. 한국어를 공부할 때, 한중 사전이나 한일(일한) 사전, 영한 사전 등을 이용하는 경우가 많다. 그러나 이것은 한국어 단어 학습을 위해서는 그리 바람직한 태도가 아니다. 이런 사전은 한국어 사전을 보았는데도 그 뜻을 확실히 알 수 없는 경우에만 보아야 한다. 또한 가능하다면 뜻풀이 정도만 되어 있는 사전보다는 해설과 용례가 많은 사전이 좋다.

4

듣기 연습은 반복적으로 하는 것밖에 달리 좋은 방법이 없다. 조금씩이라도 매일 듣는 것이 중요하다. 그리고 문화적인 차이 때문에 이해하기 어려운 드라마보다는 뉴스를 듣는 것이 더 효과적이라고 한다. 처음에는 대충 흐름을 따라 듣고 분위기 정도만 파악한 다음, 시간의 여유를 두고 천천히 반복해서 듣는 연습을 하면 처음에는 들리지 않던 것도 차츰 들리게 된다는 것이다.

5

외국어를 잘하려면 책이든 잡지든 신문이든 많이 읽는 것이 좋다. 이때에는 사전을 찾지 않고 죽 읽으면서 전체의 뜻을 파악하는 것이 중요하다. 처음에 모르는 단어가 나오더라도 상관하지 않고 계속 읽어 나간다. 그러면 전체적인 글의 맥락과 표현하는 방식에 익숙해지게 된다.

또, 처음부터 어려운 소설을 읽기보다는 가볍게 읽을 수 있는 신문이나 주간 잡지, 사진이 많은 패션 잡지 등을 읽는 것이 좋다. 기사를 읽을 때 문어체로 딱딱하게 느껴지는 일반 기사보다는 구어체로 표현된 인터뷰 기사부터 읽는 것도 괜찮은 방법이다.

6

영화는 소재가 무궁무진하다. 따라서 한국어와 함께 한국의 정치, 경제, 사회, 문화 등의 다양한 내용을 함께 배울 수 있다. 뿐만 아니라, 아주 정확한 표준 발음에서부터 다양한 사람들의 발음 습관까지 접할 수 있는 것이 영화이다. 영화를 통해서 학교에서 배우는 표준적인 한국어뿐만 아니라 실제 생활에서 흔히 접하는 다양한 한국어를 접할 수 있다.

영화를 이용해서 쓰기 연습도 해 볼 수 있다. 처음에는 대사를 받아써 보고, 이것에 익숙해지면 영화 내용을 한국어로 요약하거나 감상문을 쓰는 연습을 해 볼 수도 있다.

7

마지막으로 생각하기

외국어를 잘하기 위해서는 그 외국어를 좋아하는 것이 중요하다. 특히 자기가 좋아할 수 있는 방법을 찾아내야 지치지 않고 공부할 수 있다. 노래를 모두 외운다든지, 좋아하는 드라마를 빼놓지 않고 본다든지, 영화 주인공을 흉내 내 본다든지 하는 다양한 방법이 있을 수 있다. 잡지를 정기적으로 구독하는 것도 좋은 방법이 될 것이다. 옛말에 '평안 감사도 제가 싫으면 그만'이라는 속담이 있다. 싫은데 억지로 하는 공부는 하지 않는 것만 못하다. 무엇보다 중요한 것은 외국어에 대한 관심이요, 꾸준한 노력이다.

1. 1 ~ 6 에서 권하고 있는 외국어 학습법을 각 항목별로 정리해 보십시오.

2. 2 ~ 6 의 내용에 적당한 제목을 붙여 보십시오.

3. 다음 중 위의 내용과 같은 것을 고르십시오.
   ① 발음은 천천히 정확하게 하려고 연습해야 한다.
   ② 큰 소리로 문장을 읽는 습관을 들여야 한다.
   ③ 외국어를 외우는 것은 소용이 없다.
   ④ 자기 나라 말로 된 사전을 보는 것이 효과적이다.

4. 드라마보다 뉴스가 듣기 연습에 더 좋은 이유는 무엇이라고 했습니까?

5. 관용어를 익히는 것이 중요한 이유는 무엇입니까?

6. 외국어를 배울 때 발음이 완벽하게 되지 않는 것은 무엇 때문입니까?

외국어를 재미있게 공부하는 방법에 대해 이야기해 봅시다.

음가 쑥스럽다 지장 틀에 박히다 꿀 먹은 벙어리 습관을 들이다 숙어 용례 차츰 죽 맥락 패션 문어체 구어체 무궁무진하다 대사 요약하다 감상문 구독하다 감사

- **-자면**
  국가 발전을 위해서는 인재를 길러야 한다. 그러자면 교육에 많은 투자를 해야 한다.
  확실히 알고 있는 사실도 막상 설명을 하자면 말문이 막히는 경우가 많습니다.
- **-(이)요, -(이)다**
  청소년에게 필요한 것은 장래에 대한 희망이요, 미래에 대한 비전입니다.
  사실을 사실대로 보는 것이 인간의 지혜요, 현명함입니다.

'ㅖ' 의 발음

1. 계산서, 계시다, 시계, 지혜
   '예, 례' 이외의 'ㅖ'는 [ㅔ]로도 발음한다. [계산서 / 게산서], [계시다 / 게시다], [시계 / 시게], [지혜 / 지헤]
2. 용례, 예쁘다, 옛날
   '예, 례'는 원래대로 발음한다. [용녜], [예쁘다], [옌날]

쓰 기

- 높임의 오류 고치기
- 소주제에 맞는 문단 쓰기
- 학습에 대해 조언하는 편지 쓰기

1 다음은 외국인 학생이 선생님께 쓴 편지입니다.

선생님에게,

선생님, 그동안 안녕하셨어요?

나는 선생님이 걱정해 주신 덕분에 아주 건강하게 잘 지내고 있어요.

선생님이 홈페이지에 쓰신 글을 보고 나서 마음 속에서 말로 표현하기 어려운 감동이 솟아올랐어요. 한국을 떠나는 날, 뜻밖에 첫눈도 왔고 날씨도 굉장히 추웠지요? 내 마음도 그날 날씨처럼 아주 추웠어요. 비행기에서 내려 고향 땅을 밟을 때에는 심지어 이국에 오게 된 듯한 느낌까지 들었어요.

① ....

....

....

....

선생님, 정말, 나는 요즘에도 한국 생각만 해요. 며칠 전에 버스에서 한국 사람을 만났어요. 정말 반가웠어요. 그래서 참을 수 없어서 먼저 이야기를 걸었어요. 그 사람들이 아주 놀라더군요. 외국 아가씨가 이렇게 한국어를 잘 할 수 있다니! 그 사람들은 저에게 한국어가 어렵지 않냐고 물었어요. 저는 "한국어는 어렵기는 하지만 얼마나 재미있는지 몰라요."라고 대답했어요. 선생님이 가르칠 때가 생각났어요. 다 선생님이 잘 가르쳐 주셨기 때문이에요. 우리는 선생님의 수업 시간에 재미있는 토론을 많이 했어요. 토론 수업이 한국어 말하기 실력을 늘리는 데에 도움이 많이 되었어요.

② ....

....

....

....

한국에서 지낸 6개월 동안 정말 많은 것을 공부하고 느꼈어요. 내가 6개월 간의 한국어 연수 기회를 가질 수 있었던 것에 감사해요. 정말 선생님께 감사드려요. 내가 한국에 있는 동안 많이 도와줘서 정말 감사해요. 선생님, 우리나라에 오시면 꼭 저에게 연락하세요. 아름다운 부인도 데리고요. 저는 선생님 가족에게 우리 집과 학교를 보여 주고 싶어요.

선생님, 저는 꼭 제2의 고향인 한국에 다시 갈 거예요. 그때는 선생님 집에 제일 먼저 갈게요. 선생님은 반갑게 내 어깨를 두드려 줄 거지요?

오늘은 여기서 줄일게요. 선생님, 잘 있으세요.

다음에 또 편지할게요.

2003년 1월 5일

우즈베키스탄에서

안나 올림.

1. 높임법이 잘못된 표현을 찾아 바르게 고쳐 보십시오.

2. 편지의 내용에 따라 빈칸에 알맞은 내용을 채워 보십시오. ①에는 선생님의 안부를 묻는 내용, ②에는 선생님에 대한 추억을 떠올리는 내용으로 채우십시오.

2 한국어를 처음 배우는 친구에게 조언하는 편지를 써 보십시오. 편지에 다음의 내용을 포함하십시오.

1. 자신이 한국어를 배우게 된 동기

2. 한국어를 배울 때 겪은 첫 번째 어려움

3. 한국어와 자신의 모국어와의 차이점

4. 자신이 재미있게 공부한 방법 소개

말하기

- 주장에 대한 의견 제시하기
- 교육 방법 소개하기
- 장점과 단점에 대해 의견 말하기

다음 중 누구의 주장에 찬성합니까? 효과적인 외국어 학습 방법에 대하여 여러분의 의견을 이야기해 보십시오.

왕 영 : 외국어 공부에는 특별한 비결이 없어요. 중요한 것은 귀와 입을 동시에 훈련해야 한다는 것이죠. '귀에 못이 박일' 정도로 듣고, 받아쓰고, '입이 아파서 말이 안 나올' 정도로 큰 소리로 읽는 연습을 하는 수밖에는 없어요. 잠자리에 들어서도 테이프를 들으며 자야 해요. 온몸을 활용한 반복 학습이 무엇보다 중요해요.

나오코 : 짧은 시간에 많은 효과를 거두기 위해서는 문법을 공부하는 것이 중요해요. 단어는 기본적으로 외워야 하니까 할 수 없지만, 단어를 외운 다음에는 문법 규칙을 공부하는 거죠. 그리고 나서 그 문법을 이용한 예문을 공부하면, 몇 개의 문법 규칙만으로도 많은 문장을 만들 수 있게 돼요.

빌 리 : 외국어를 공부할 때 가장 중요한 것은 실제 의사소통 능력을 기르는 거예요. 상황에 맞는 대화를 할 수 있어야 하는 거죠. 그러기 위해서는 '요청하기', '거절하기', '칭찬하기' 등 상황에 맞는 표현을 익히고, 이것을 실제 대화에 적용할 수 있는 연습을 해야 돼요.

모둠 활동 외국인에게 한국어를 가르칠 때 가장 중요한 것은 무엇입니까? 그것을 어떻게 가르치는 것이 효과적일까요? 모국어가 같은 사람끼리 모여 토의한 후 발표해 보십시오.

1. 중요한 것 (3개)

- [ ] 말하기
- [ ] 듣기
- [ ] 읽기
- [ ] 쓰기
- [ ] 문법
- [ ] 발음
- [ ] 어휘
- [ ] 기타

2. 가르치는 방법

내용	방법	이 방법이 좋은 이유

발표 내용을 듣고 각 방법의 장점과 단점에 대해 이야기해 보십시오.

• -(으)니만큼

어떤 사실을 인정하면서 그것을 근거로 주관적 의견(판단, 명령, 청유)을 제시할 때 사용한다.

바람이 불고 날씨가 추우니만큼 밖에 나가지 말고 집에서 쉬자.
열심히 공부했으니만큼 이번에는 대학에 꼭 입학할 수 있을 거예요.
그분은 30년 간 열성적으로 학생들을 가르치신 선생님이니만큼 존경받는 것이 당연합니다.

시간과 장소를 나타내는 명사가 반복되어 '-이/가 -(이)니만큼'의 형태로도 사용된다.

나이가 나이니만큼 건강에 조심해야 합니다.
장소가 장소니만큼 이렇게 조용한 거죠.

제 4 과 개인과 가정

- 주제 : 집안일, 가족의 여가 생활, 비빔밥
  가전제품, 남녀평등
- 문법 / 표현 : 명사절, 명사구 보문 ('-는'과 '-다는')
  제안할 때, 시간 순서에 따라 말할 때

도 입

통계 조사의 결과를 바탕으로 다음에 대해 이야기해 보십시오.

- 출산율의 증가와 감소
- 남아와 여아의 출생 비율
- 결혼 적령기의 변화
- 65세 이상 인구의 남녀 비율

연도	출생아 수 (명)			출생 성비 (%)
	계	남	여	
1981	868,869	449,437	419,432	107.2
1985	657,375	343,523	313,852	109.5
1990	652,144	350,862	301,282	116.5
1995	716,993	380,714	336,279	113.2
2000	636,780	333,797	302,983	110.2

평균 초혼 연령

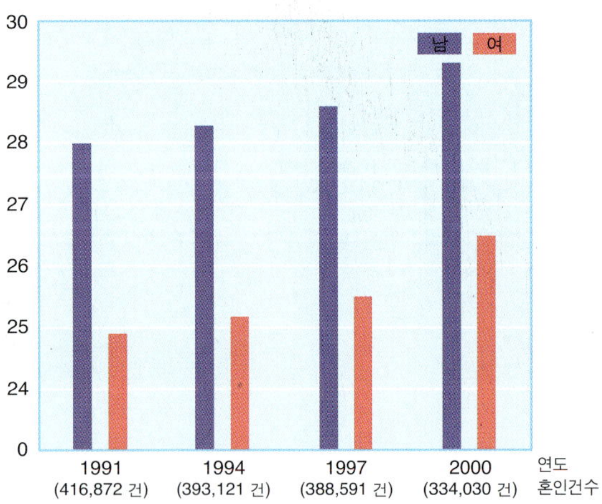

연령 계층별 인구 ('01)

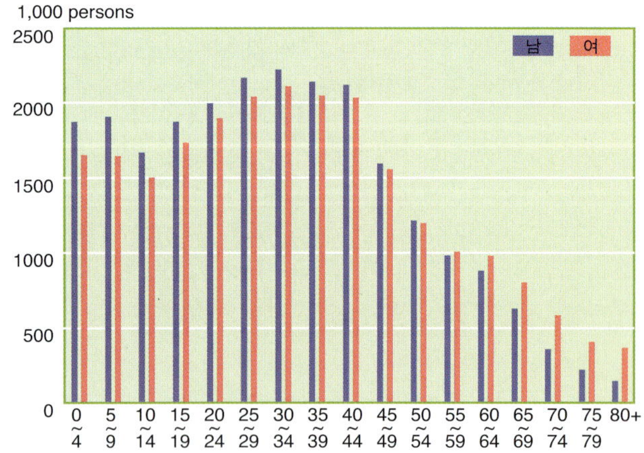

여러분이 자주 하는 집안일은 무엇입니까?

〈보기〉 장보기 아이 돌보기 설거지하기 빨래한 옷 개기 세차하기 전구 갈아 끼우기

듣기 1

가족들과 함께 할 수 있는 취미 생활에 대해 이야기해 봅시다.

잘 듣고 질문에 답하십시오.

한수의 아내 미란이 오래간만에 고등학교 동창인 세진과 은서를 만났습니다. 세진은 아직 미혼이고, 은서는 유치원에 다니는 아이 둘을 둔 가정 주부입니다.

1. 세 사람은 무엇에 대해 말하고 있습니까?

   ① 공동체 생활의 보람　　② 좋은 배우자의 조건
   ③ 여름 휴가 계획　　④ 가족과의 여가 생활

2. 들은 내용과 같은 것을 모두 고르십시오.

   ① 결혼한 사람은 여가를 즐길 시간이 없다.
   ② 세진은 당분간 결혼할 생각이 없다.
   ③ 미란은 가족들과 함께 주말마다 공원에 간다.
   ④ 예전에 비해 함께 여행 다니는 가족이 많아졌다.

3. 미란과 은서가 함께 하려고 하는 것은 무엇입니까?

4. 빈칸에 알맞은 말을 쓰십시오.

   동호회 회원들과 ______________ 도 좋지만 단란한 가정을 꾸며서 ______________ 도 좋을 것 같은데?

가족과 함께 시간을 보내고 싶어하는 사람들에게 무엇을 추천해 주고 싶습니까?

〈보기〉
- 아이들과 함께 다양한 농작물을 재배해 볼 수 있는 주말 농장에 가는 건 어때요?
- 함께 할 수 있는 운동을 찾아보는 것도 좋을 것 같은데요.

표현

- **제안할 때 : -(으)ㄴ/는 것이 좋을 것 같다**

  내 생각에는 조금 더 기다렸다가 상황을 봐서 투자하는 것이 좋을 것 같다.
  해외 여행을 하는 것도 좋지만 국내에서 가족들이 함께 할 수 있는 것을 찾아보는 것도 좋을 것 같은데?

대화

세 진 : 오랜만이네. 다들 잘 있었니?
은 서 : 응, 잘 있었어. 요즘 좋은 일 있나 봐? 얼굴이 한결 밝아졌다.
세 진 : 운동도 할 겸 자전거 타기 동호회에 가입했어. 주말마다 서울 근교로 자전거를 타고 나가서 바람을 쐬고 와. 미란아, 너는 주말에 어떻게 지내?
미 란 : 가족과 함께 가까운 공원에 가서 산책을 해. 아이가 조금 크니까 자꾸 나가자고 해서. 나가는 것이 귀찮을 때도 있지만 가족끼리 오붓한 시간을 가지니까 좋아.
세 진 : 야외에 나가 보면 가족끼리 여행을 온 사람들이 많더라. 주 5일제 근무 덕분에 가족들과 함께 여행을 즐기는 사람들이 많아졌어.
은 서 : 예전에 우리가 자랄 때는 함께 여행하는 가족이 그리 많지 않았던 것 같은데, 요즘에는 점점 더 가족 중심의 문화가 발달하는 것 같아. 문화 센터나 여행사를 중심으로 가족 체험 프로그램도 많이 개발되고 있고.
미 란 : 맞아. 공원에 가서 산책을 하다 보면 가족들끼리 좀 더 창조적인 시간을 가질 수 없을까 하는 아쉬움이 남더라. 함께 뭘 만들기도 하고 대화도 하고 그러면 좋을 텐데. 한집에 같이 살아도 서로 깊이 이해하는 건 어렵잖아.
은 서 : 우리 가족도 함께 참여할 수 있는 프로그램을 알아보려고 하는데 한번 같이 알아볼까? 두 가족이 함께 한다면 더 좋지 않겠니?
미 란 : 그래. 그거 괜찮은 생각이네. 이왕이면 세진이도 함께 하면 좋겠다. 동호회 회원들과 자전거를 타는 것도 좋지만 단란한 가정을 꾸며서 가족들과 함께 취미 생활을 즐기는 것도 좋을 것 같은데?
세 진 : 좋은 프로그램 있으면 소개시켜 줘. 그보다 먼저 좋은 배우자를 만나는 프로그램은 없을까?
은 서 : 세진이 너 결혼하고 싶은 마음이 생긴 거야?
세 진 : 글쎄, 좋은 사람만 나타난다면 결혼해야지.
미 란 : 잘됐다. 우리가 밀어줄게.
은 서 : 세 가족이 함께 휴가를 즐길 날도 멀지 않았네.

가족들이 함께 할 수 있는 취미 생활을 소재로 대화를 만들어 봅시다.

한결 동호회 근교 바람을 쐬다 오붓하다 단란하다 이왕 밀어주다

듣기 2

다음은 비빔밥을 만드는 재료입니다. 관계있는 것을 찾아 연결하십시오.

주재료	마늘, 후추, 깨소금, 고추장, 참기름
나 물	잣, 김
조미료	시금치, 고사리, 도라지, 애호박, 상추, 무, 오이, 당근, 파
기호품	쌀, 콩나물, 사골, 쇠고기 육회

다음은 비빔밥을 만드는 방법의 일부입니다. 알맞은 동사를 골라 빈칸을 채우십시오.

1. 먼저 밥을 맛있게 ______.
2. 콩나물은 소금을 넣고 푹 ______ 후에 양념을 넣어 손으로 ______.
3. 시금치는 끓는 물에 살짝 ______ 다음에 콩나물과 같은 방법으로 ______.
4. 애호박은 칼로 ______ 기름에 ______.

• 조리 방법을 나타내는 동사
짓다 데치다 삶다 부치다 무치다 볶다 채 썰다 다지다

잘 듣고 질문에 답하십시오.

1. 전주비빔밥이 궁중 음식이 될 수 있었던 이유는 무엇입니까?
2. 비빔밥을 담는 그릇이 중요한 이유는 무엇입니까?
3. 다음 중 전주 비빔밥에 들어가는 것을 고르고, 구체적으로 어떤 재료가 들어가는지 이야기해 보십시오.

   □ 곡식류 □ 육류 □ 어류 □ 채소류 □ 견과류

4. 다음 표현을 사용하여 비빔밥의 재료를 그릇에 담는 순서대로 이야기해 보십시오.

   -(으)ㄴ 후에 -(으)ㄴ 다음에 -고 나서 -고서

   □ 밥을 담는다. ①
   □ 위에 달걀 노른자를 얹는다. ( )
   □ 기호에 따라 고명을 올린다. ( )
   □ 가운데에 육회를 넣는다. ( )
   □ 나물을 색깔별로 돌려 담는다. ( )

모둠 활동 좋아하는 음식 한 가지를 정한 후, 만드는 방법에 대해 이야기해 봅시다.

• **-고서**
시간 순서에 따라 말할 때 쓴다.
과일을 깎아 놓고서 커피를 타기 시작했다.
콩나물을 삶을 때에는 소금을 넣고서 뚜껑을 닫아 놓아야 해요.
일단 음식들을 먹어 보고서 뭐가 제일 맛있는지 이야기하겠다.

문 법

1 왕영 씨의 방 친구가 외출하면서 메모를 남겨 놓았습니다. 왕영 씨는 오후 네 시에 친구들과 약속이 있습니다. 다음 메모를 읽고 왕영 씨 입장에서 메모를 남기십시오. '-(으)ㅁ'을 사용하여 문장을 끝맺으십시오.

왕영에게
갑자기 일이 생겨서 급히 나감.
슈퍼마켓에 가서 간단한 반찬거리를
준비해 주기 바람.
나오코 씨가 7시경 집에 들른다고 했음.
저녁 식사를 함께 할 예정임.
6시 전에는 집으로 돌아올 것임.
민정 씀

왕영 씀

2 훈이의 가족들이 서로 지켜야 할 약속을 만들기로 했습니다. 다음은 훈이의 약속 내용입니다. 아버지와 어머니는 가족들에게 어떤 약속을 했을까요? '-기'를 사용하여 만들어 봅시다.

1. 아침에 일찍 일어나서 운동하기
2. 식사 후에는 반드시 양치질하기
3. 학교에서 돌아온 후에 숙제를 마치고서 놀기
4. 반찬 투정을 하지 않기
5. 잠자리에 들기 전에 일기 쓰기
6. 부모님이나 친구들에게 거짓말하지 않기
7. 하루에 한 번씩 다른 사람을 칭찬하기

• **'-(으)ㅁ' 과 '-기'**

1. -(으)ㅁ

① 문장을 명사화한다. '분명하다', '증명되다', '발견되다' 등의 주어, '알다', '모르다', '기억하다', '느끼다', '주장하다' 등의 목적어로 쓰인다.

성적표를 보여 주지 않는 걸 보니, 이번에 성적이 많이 떨어졌음이 분명해요.
대리점 주인은 내가 동생과 함께 와서 세탁기를 샀음을 기억하고 있었다.

② 보고문, 경고문, 사전, 판결문 등에서 어떤 사실이나 정보를 알릴 때 사용된다.

기상 악화로 비행기 출발 시간이 지연되었음.
피고를 징역 1년에 처함.

2. -기

① 문장을 명사화한다. '싫다' 등의 주어, '바라다', '시작하다' 등의 목적어로 쓰인다. 이 외에도 '-에 알맞다', '-로 결심하다'의 성분으로 쓰이기도 한다.

감기가 걸려서 입맛이 떨어졌는지 밥을 먹기가 싫어졌어요.
새해에 뜻하시는 모든 일을 성취하시기를 기원합니다.

② 공공 표어, 규칙, 속담 등에 쓰인다.

반찬은 먹을 만큼만 가져가고 남기지 않기
식은 죽 먹기

3 (　) 안의 동사를 알맞게 고쳐 쓰십시오. '-(으)ㅁ' 또는 '-기'를 사용하십시오.

아주머니께

그동안 잘 지내셨습니까? 저는 이번 봄에 한국 회사에 취직했습니다. 전자 제품 회사인데 회사 분위기도 좋고 월급도 괜찮은 편입니다. 입사 후에 바로 관리부에서 ________ (일하다) 시작했습니다. 그리고 그곳에서 저와 함께 하숙했던 한국 친구를 만났습니다. 그 친구는 제가 아주머니 집에서 함께 ________ (지내다)을/를 기억하고 있었습니다. 그 친구를 만나서 회사 생활에 ________ (적응하다)이/가 훨씬 쉬워졌습니다. 친구에게 한국 소식을 듣고 아주머니가 ________ (편찮으시다)을/를 알게 되었습니다. 그 이야기를 듣고 마음이 아팠습니다.

아주머니 병환이 어서 ________ (낫다)을/를 진심으로 기원합니다.

건강이 좋아지시면 이곳에 한번 놀러 오십시오. 제가 아주머니께 우리나라의 멋진 곳을 직접 보여 드릴 그날이 빨리 ________ (오다)을/를 바랍니다.

안녕히 계십시오.

파키스탄에서

모하메드 올림

4 대화 1, 2 에서 밑줄 친 부분의 공통점과 차이점이 무엇입니까? 뒤에 오는 어휘에 유의해서 살펴봅시다.

1

혜숙 : 민희야! 지영이가 결혼한다는 **이야기** 들었니?

민희 : 아니, 지영이한테 애인이 생겼다는 **소문**은 들었지만, 결혼까지 하는지는 몰랐어.

혜숙 : 지영이가 올해 안에 결혼하겠다는 **결심**을 밝힌 적은 있었지만, 이렇게 빨리 하다니 정말 놀랍다.

민희 : 왜? 너도 빨리 결혼하고 싶다는 **생각**이 드는 모양이지?

혜숙 : 넌 주변의 친구들이 하나 둘씩 기혼이 된다는 **사실**이 좀 서글프지 않니?

민희 : 뭐가 서글프니? 친구들이 새로운 가정을 꾸민다는 **것**은 축복할 일이야.

2

재규 : 지영 씨, 요즘 도둑이 신혼부부 집을 터는 **사건**이 많대요.

지영 : 신혼부부 집에는 예물이 많으니까 도둑이 드는 **경우**도 있겠군요.

재규 : 그래서 말인데, 우리는 도둑맞을 **가능성**이 없도록 아예 쓸데없는 예물을 생략하는 **것**이 어떨까요?

지영 : 쓸데없는 예물이라니요? 우리의 결혼을 기념하는 **것**은 아주 중요한 일이라고요.

재규 : 지영 씨도 보통의 다른 여자들처럼 결혼 예물을 생략할 **용기**가 없나 보군요.

지영 : 다른 여자들이라니요? 재규 씨는 다른 여자에게도 이런 이야기를 했던 **경험**이 있나 보죠?

- **'-다는' 과 '-(으)ㄴ/는'**

'-다는'은 '생각', '내용', '소식', '사실', '약점', '욕심', '결심', '뜻', '암시' 등의 명사 앞에 쓰여 구체적인 내용을 나타낸다.

어제 한국 주가가 폭등했다는 뉴스 들었어요?
어렵게 회사에 취직하고 나니까 이번에는 빨리 승진하고 싶다는 욕심이 나네요.
그 소설에서 소녀가 보라색을 좋아한다는 대사는 죽음이 가까웠다는 암시를 준다.

그러나 '사건', '경험', '일' 등과 같이 사실이 분명히 전제된 경우와 '-(으)ㄹ 가능성 / 용기'처럼 미래의 의미로 한정된 경우에는 '-다는'이 쓰이지 못한다.

어제 저녁 비행기가 추락한 사건 들었어요?
해외 지사에 나가서 일해 본 경험이 있나요?
나는 너무 수줍음을 많이 타서 마음에 드는 사람에게 말을 붙여 볼 용기가 없다.

5 〈보기〉와 같이 문장을 만들어 보십시오.

〈보기〉 믿음을 가지다 ▶ 성공할 수 있다는 믿음을 가지고 일해야 합니다.

1. 소문을 듣다 ▶
2. 소식을 듣다 ▶
3. 연락을 받다 ▶
4. 고백을 받다 ▶
5. 질문을 하다 ▶
6. 독촉을 받다 ▶
7. 정보를 얻다 ▶
8. 명령을 하다 ▶

모둠 활동 다음 주제에 대해 〈보기〉와 같이 이야기해 보십시오.

1. 최근에 들은 소문은 사실일까, 헛소문일까?

〈보기〉 가수 오지영과 최민기가 사귄다는 **소문**은 헛소문일 **가능성**이 크다.

2. 영화나 드라마에서 어떤 장면이 새로운 사건을 암시할까?

〈보기〉 영화에서 주인공이 애인의 친구를 두 번 이상 우연히 만나게 되는 **장면**은 곧 새로운 연인 관계를 맺게 된다는 **암시**이다.

불고기 피자나 김치 버거와 같은 것을 퓨전(fusion) 음식이라고 합니다. 또 어떤 것을 퓨전 음식이라고 할 수 있습니까?

다음 글을 읽고 질문에 답하십시오.

비빔밥

비빔밥은 글자 그대로 '비벼 먹는 밥' 이다. 여러 가지 재료와 밥을 한데 섞은 다음 참기름과 고추장을 넣어 비벼 먹는다. 비빔밥은 한국의 전통 음식 중의 하나이지만, 한국인들의 일반적인 식습관으로 보면 조금 특이한 음식이다. 원래 한국인들은 밥과 반찬을 따로 담아 한 상에 놓고 먹는다. 한국에서 비빔밥처럼 반찬과 밥을 한 그릇에 넣어 먹는 음식은 거의 찾아보기 어렵다.

언제부터 비빔밥을 먹기 시작했는지는 정확히 알기 어렵다. 1800년대 말에 처음으로 기록이 보이지만 그보다 훨씬 이전부터 비빔밥이 있었을 것이다. 그 유래에 대해서는 여러 가지 설이 있는데 '음복설', '묵은 음식 처리설' 이 가장 그럴 듯하다.

음복(飮福)*이란 제사를 지낸 후 상에 남은 음식을 나누어 먹는 것을 말한다. 그런데 마을에서 비교적 멀리 떨어진 곳에서 지내는 산신제(山神祭)*나 동제(洞祭)*의 경우에는 그릇을 많이 가지고 갈 수 없으므로 제물(祭物)을 골고루 먹으려면 결국 한 그릇에 여러 가지 음식을 담아 비벼 먹게 되어 비빔밥이 시작되었다는 것이다.

다음으로, 섣달 그믐날에 새해 음식을 장만하면서, 남은 음식이 해를 넘기지 않도록 묵은 밥과 묵은 나물을 모두 얹어서 밤참으로 먹은 데에서 비빔밥이 유래했다고 하는 것이 '묵은 음식 처리설' 이다. 이 밖에도 조선 시대에 왕이 먹던 간단한 점심 식사에서 비빔밥이 유래했다고 하는 '궁중 음식설' 도 있다.

비빔밥을 만드는 데에는 재료의 제한이 없다. 그저 밥과 고추장만 있어도 얼마든지 만들어 먹을 수 있다. 따라서 비빔밥은 그 종류가 헤아릴 수 없이 많다. 또한, 한국의 어디를 가나 쉽게 만날 수 있다. 지역에 따라 만드는 재료도 제각각이다. 하지만 수많은 비빔밥 중에서 가장 대표적인 것은 뭐니 뭐니 해도 전주비빔밥과 진주비빔밥이다.

전주비빔밥은 불고기와 갈비, 냉면과 함께 한국을 대표하는 음식의 하나로도 알려져 있다. 전주비빔밥은 콩나물과 육회를 사용하는 것이 특징이다.

이와 쌍벽을 이루는 진주비빔밥은 콩나물 대신 주로 숙주나물을 많이 쓰며, 선짓국과 함께 먹는 것이 특징이다. 이 밖에 산채 비빔밥, 콩나물 비빔밥, 열무 비빔밥 등이 있으며, 뜨겁게 달군 돌솥에 재료를 넣어 비벼 먹는 돌솥 비빔밥도 있다.

큰 그릇에 여럿이 먹을 밥을 같이 넣고 비벼서 온 식구가 함께 먹는 비빔밥은 사람 사이의 정을 확인하는 '한솥밥' 문화의 대표적인 음식이기도 하다. 또한, 비빔밥은 바쁜 현대인들의 생활 문화에도 잘 맞는다. 밥을 차리는 데에 드는 시간을 절약하고 절차를 간단하게 줄여 짧은 시간에 영양가 있고 만족스러운 식사를 할 수 있기 때문이다. 뿐만 아니라 비빔밥은 울긋불긋한 색채와 고소하고 매콤한 맛이 조화되므로 시각과 미각을 동시에 만족시켜 주는 음식이라고 할 수 있다.

*음복(飮福) : (제사를 지낸 뒤에) 제사에 썼던 술이나 음식을 나누어 먹는 일.
*산신제(山神祭) : 산을 다스리는 신에게 지내는 제사.
*동제(洞祭) : 마을을 지켜 주는 신에게 마을 사람들이 함께 드리는 제사.

1. 비빔밥이 현대인의 생활 문화에 잘 맞는 이유를 고르십시오.

① 만드는 시간을 절약하여 바쁜 현대 생활에 적합하다.
② 그 지역의 특산물로 만든다.
③ 종류가 다양해서 기호에 맞게 골라먹을 수 있다.
④ 다양한 재료로 다양한 맛을 낼 수 있다.

2. 비빔밥의 유래에 대해서 설명해 보십시오.

3. '한솥밥' 문화의 의미를 설명해 보십시오.

여러분 나라에도 비빔밥처럼 여러 재료를 섞어 먹는 음식이 있습니까? 그 음식에 대해 소개해 보십시오.

여러분 나라의 대표적인 음식을 소개해 보십시오.

한데 음복 묵다 적합하다 제물 섣달 그믐날 장만하다 궁중 제각각 쌍벽을 이루다 숙주나물 선짓국 산채 열무 달구다 돌솥 비비다 영양가 울긋불긋하다 색채 고소하다 매콤하다 시각 미각

'ㅎ'의 약화

1. 문화, 미혼, 지하철, 전화, 천천히
'ㅎ'은 모음이나 'ㄴ, ㅁ, ㅇ' 또는 'ㄹ' 뒤에서 약화되어 거의 소리가 나지 않는다.
[문화 / 무놔], [미혼 / 미온], [지하철 / 지아철], [전화 / 저놔], [천천히 / 천처니]

2. 넣어, 많이, 쌓이다, 싫어도
받침 'ㅎ, ㄶ, ㅀ' 뒤에 모음으로 시작되는 말이 오면 'ㅎ'이 발음되지 않는다.
[너어], [마니], [싸이다], [시러도]

3. 닳는, 뚫는다
받침 'ㅀ' 뒤에 'ㄴ'이 연결될 때에는 'ㅎ'이 약화되고, 'ㄴ'이 'ㄹ'에 동화되어 [ㄹ]로 발음된다.
[달른], [뚤른다]

읽기 2

어떤 경우에 제품의 사용 설명서를 읽게 됩니까? 사용 설명서에서 유용한 정보를 얻었던 경험을 이야기해 봅시다.

■ 정은 : "저는 비디오로 TV 프로그램을 예약 녹화할 때 방법을 몰라서 사용 설명서를 보고 했어요."

다음 글을 읽고 질문에 답하십시오.

1 전자레인지

- 통풍이 잘 되고 벽에서 10~20cm 이상 떨어진 곳에 설치하십시오.
- 열 기구나 물에서 먼 곳에 설치하십시오. 열이나 물이 닿게 되면 기능이 떨어지고 고장이나 누전의 원인이 됩니다.
- 단단하고 평평한 곳에 설치하십시오.
- 다른 전자 제품과 가까이하지 마십시오. TV, 라디오 등을 가까이 두는 경우에는 화면이 흔들리거나 잡음이 나므로 4m 이상 거리를 유지하십시오.

2 가스오븐레인지

- 대용량 오븐 : 적은 양의 일상 요리에서 많은 양의 파티 요리까지 가능합니다.
- 구이실 : 오븐의 버너에서 나오는 열을 직접 이용하여 생선구이, 고기구이 등을 할 수 있습니다.
- 가스 차단 소화 안전 장치 : 음식물이 넘치거나 바람이 불어 불꽃이 꺼졌을 때 가스를 자동으로 차단시켜 가스 누출을 방지해 줍니다.
- 오븐 요리 확인 램프 : 오븐의 요리 진행 상태를 알 수 있도록 램프를 켤 수 있습니다.
- 3단 밸브 손잡이 : 화력이 약-중-강 3단계로 조절되므로 요리에 따라 불꽃 세기를 쉽게 조절할 수 있어 편리합니다.

3 세탁기

☞ 서비스 의뢰 전에

① 전혀 동작이 안 돼요.
- 전원 스위치를 눌렀는지 확인하세요.
- 정전이 아닌지 확인하세요.
- 전원 플러그를 확실히 꽂았는지 확인하세요.

② 소음과 진동이 심해요.
- 세탁물이 한쪽으로 치우쳐 있는지, 수평으로 맞춰졌는지 확인하세요.
- 제품과 벽면이 너무 붙어 있지 않은지 확인하세요.
- 세탁기 주변의 불필요한 것을 치워 주세요.

4 후불제 교통 카드

다양한 대중 교통수단을 이용할 수 있다.
충전의 번거로움 없이 버스와 지하철, 마을버스에서 사용이 가능합니다.

고객의 소중한 돈을 아껴 드립니다.
연회비와 추가 발급 수수료가 전혀 없습니다. 또한, 교통 요금에서 최대 100원까지 할인해 드리며, 30분 이내에 다른 교통수단을 이용하시면 추가로 50원을 할인해 드립니다.

1. 다음 설명에 해당하는 글의 번호를 쓰십시오.
   ① 상품의 우수성을 광고하는 내용
   ② 설치 방법을 알려 주는 내용
   ③ 고장이 의심되는 경우에 점검 사항을 알려 주는 내용

2. 전자 레인지를 TV와 라디오에서 멀리 떨어진 곳에 설치해야 하는 이유는 무엇입니까?

3. 가스 레인지를 쓸 때 어떤 경우에 가스가 자동으로 차단됩니까?

4. 세탁기가 작동하지 않을 때 무엇을 먼저 살펴보아야 합니까?

5. 이 글의 내용과 같은 것을 모두 고르십시오.
   ① 전자 레인지는 바람이 잘 통하는 곳에 두어야 한다.
   ② 세탁기는 벽에 바짝 붙여야 소리가 나지 않는다.
   ③ 가스 오븐 레인지는 가스가 누출될 경우 경보 램프가 켜진다.
   ④ 교통 카드를 이용하여 대중 교통수단을 이용하면 요금이 할인된다.

통풍 열 기구 누전 평평하다 잡음 유지하다 대용량 차단 소화 방지하다
누출 화력 의뢰 전원 정전 진동 연회비 충전 번거롭다

• **-의 경우에(는), -(으)ㄴ/는/(으)ㄹ 경우에(는)**
우리 회사의 경우에는 모든 직원들에게 연말 보너스를 지급하였다.
힘든 일을 혼자 하는 경우에는 남의 도움을 받는 것도 좋은 방법이에요.
제품에 이상이 있을 경우에는 교환 또는 환불해 드립니다.

쓰 기

- 포도 그림을 이용한 구상하기
- 항목에 맞게 메모하기
- 일기 쓰기

1 〈듣기 1〉의 '은서'에 대하여 구상한 것입니다. 세 사람 중 한 사람을 선택하여 〈보기〉와 같이 구상해 보십시오.

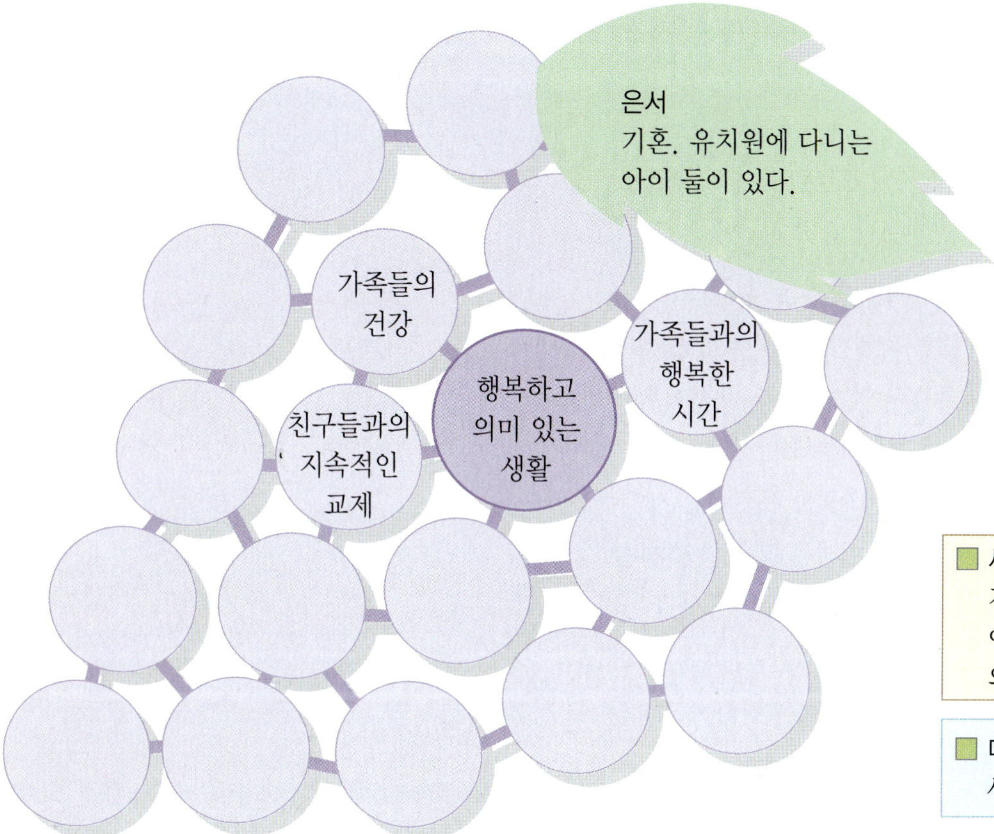

■ 세진 : 32세, 미혼, 잡지사 기자. 좋은 사람이 나타나면 결혼할 의향이 있다.

■ 미란 : 한수의 아내. 세 살짜리 딸이 있다.

2 위의 세 사람 중 한 사람을 선택하여 그 사람의 입장에서 일기문을 써 봅시다.

1. 여러분이 선택한 사람이 어떤 생각을 할 것인지 상상해 보십시오. 다음 항목에 간단히 메모하십시오.

○○의 일기 ____________ 년 ______ 월 ______ 일　날씨 : ____________

① 그날의 분위기

② 자신이 미처 다 말하지 못한 내용

③ 다른 사람의 의견에 대한 나의 생각

④ 앞으로의 계획

2. 위 내용을 참조하여 일기문을 완성하십시오.

말하기

- 표시한 항목을 활용하여 말하기
- 남녀평등에 대하여 토론하기

남녀평등 실천 지수를 매겨 봅시다.

	전혀 그렇지 않다	대체로 그렇다	매우 그렇다
1. 여자는 살림을 잘해야 한다.			
2. 남자가 부엌에 들어가면 남자의 체통이 떨어진다.			
3. 한 집안의 경제적인 책임은 남편에게 있다.			
4. 잔심부름은 주로 여자가 한다.			
5. 이혼 시 자녀 양육은 아버지가 맡는 것이 낫다.			
6. 딸보다 아들에게 더 많은 교육이 필요하다.			
7. 음식은 아버지나 아들의 입맛에 맞춰 장만한다.			
8. 남자가 여자보다 전문직(의사 · 변호사 등)에 잘 어울린다.			
9. 순결 교육은 남학생보다 여학생에게 더 필요하다.			
10. 여자는 남자에 비해 지도력이 떨어진다.			
11. 차 심부름이나 복사는 여직원이 하는 것이 낫다.			
12. 남자가 여자보다 먼저 승진하는 것은 당연하다.			
13. 여자보다는 남자에게 취업의 기회가 우선 주어져야 한다.			
14. 남자가 여자보다 성취 욕구가 강하다.			
15. 아들은 대를 잇기 위해 꼭 있어야 한다.			
16. 여자는 능력보다 외모가 중요하다.			
17. 여자가 너무 똑똑하면 팔자가 세다.			
18. 남자가 여자보다 이성적이다.			
19. 남녀평등 운동은 대체로 문제가 많다.			
20. 여성 차별적 제도가 존재하는 것은 어쩔 수 없다.			

(점수 매기는 방법 전혀 그렇지 않다 : 5점 / 대체로 그렇다 : 3점 / 매우 그렇다 : 1점)

모둠 활동 여러분의 점수는 몇 점입니까? 남녀평등에 대해 어떤 생각을 가지고 있습니까? 다음에 대하여 함께 이야기해 봅시다.

1. 요즘 남녀평등과 관련하여 가장 문제가 되는 사회적 현상은 무엇입니까?
2. 자신은 남녀평등에 대해 어떤 시각을 가지고 있다고 생각합니까?
3. 남녀평등을 실현하기 위해서 할 수 있는 일을 구체적으로 이야기해 봅시다.

제 5 과 운동과 오락

- 주제 : 개인의 취미 생활, 전통 스포츠와 오락
  현대 스포츠
- 문법 / 표현 : 판단 표현
  상담 동기를 말할 때

도 입

다음 사람들은 어떤 운동을 하면 좋을까요? 적당한 운동을 소개한 후 그 운동이 좋은 이유를 이야기해 보십시오.

1. 인터넷으로 매일 주식을 거래한다. 늘 컴퓨터만 쳐다보니까 어깨가 뻐근하고, 대인 관계에도 문제가 있는 것 같다. 사람들과 이야기하면서 할 수 있는 운동을 하고 싶다.
2. 직장을 그만두고 나서 한 달 동안 몸무게가 5kg이나 늘었다. 물만 마셔도 살이 찌는 체질이지만 과격한 운동은 싫다.
3. 나는 평범한 것을 싫어한다. 누구나 할 수 있는 쉬운 운동보다는 어렵고 힘든 운동을 해 보고 싶다.

〈보기〉 승마 / 골프 / 농구 / 축구 / 탁구 / 등산 / 달리기 / 줄넘기 / 에어로빅 / 원반던지기 / 테니스 / 당구 / 배드민턴 / 볼링 / 사격 / 자동차 경주 / 암벽 타기 / 산악자전거 / 스키 / 수영

다음은 여러분의 운동과 건강 상태를 확인하는 질문입니다. 질문에 답한 후 자신의 점수를 다른 사람과 비교해 보십시오.

운동 / 건강	거의 언제나	가끔	거의 안함
1. 적절한 체중을 유지하려고 노력한다(체중 과다, 체중 과소를 피한다).	2	1	0
2. 일주일에 세 번 이상 규칙적으로 활동적인 운동을 한다.	2	1	0
3. 근육을 향상시키기 위한 운동을 15~30분간 한다.	2	1	0
4. 여가 시간에 팀 활동에 참가하여 운동한다.	2	1	0
5. 규칙적으로 음식을 골고루 먹는다.	2	1	0

운동 / 건강 점수 :

스트레스 조절	거의 언제나	가끔	거의 안함
1. 즐길 수 있는 일이나 다른 취미 활동을 가지고 있다.	2	1	0
2. 자유롭게 자신의 느낌을 표현할 수 있다.	2	1	0
3. 스트레스를 줄 만한 일을 미리 알아서 대처한다.	2	1	0
4. 곤경에 빠졌을 때 도움을 청할 수 있는 절친한 친구가 있다.	2	1	0
5. 취미 생활을 함께 하는 동호회에 참가한다.	2	1	0

스트레스 조절 점수 :

결과보기

※ 항목별로 점수를 매긴 후 다음 내용을 읽어 보십시오.

① 9 ~ 10점 : 매우 우수합니다. 당신은 건강에 대한 이 항목의 중요성을 잘 알고 있습니다. 당신은 이 항목에서 좋은 점수를 얻었기 때문에 건강을 개선할 필요가 있는 다른 부분에 신경을 써도 좋습니다.

② 6 ~ 8점 : 이 항목에 대하여 당신의 건강은 좋은 편입니다. 그러나 개선할 여지는 있습니다. '가끔' 부분에 대답한 것을 다시 보고 어떻게 변화해야 당신의 점수를 개선할 수 있을지 생각해 보십시오.

③ 5점 이하 : 당신은 자신의 건강에 대해 걱정하고 있습니다. 당신의 점수는 건강 상태가 위험에 처해 있다는 것을 보여 줍니다. 건강 상식에 대한 정보를 많이 얻은 후 생활 습관을 고칠 필요가 있습니다.

듣기 1

여러분의 취미는 무엇입니까? 그 취미의 좋은 점에 대해 말해 보십시오.

자기가 알고 있는 사람 중에서 가장 재미있는 취미를 가진 사람, 특이한 취미를 가진 사람, 위험한 취미를 가진 사람에 대하여 이야기해 봅시다.

잘 듣고 질문에 답하십시오.

1. 네 사람이 말한 취미는 각각 무엇입니까?

- 빌리
- 영철
- 왕영
- 나오코

2. 다음은 누가 누구에 대해서 한 이야기입니까?

> 경기에 나갈 때마다 항상 새로운 상황에 놓이는데, 그 상황에 대처하는 기분을 뭐라고 말로 표현할 수 없대요. 자기가 영화의 주인공이 된 것 같다나요?

3. 다음은 어떤 취미 활동의 장점입니까?

- 혼자 할 수 있어서 좋다.
- 심심할 때 시간이 잘 간다.
- 항상 새로운 상황에 놓이므로 긴장감을 갖게 된다.

다음 사람들에게 추천할 만한 취미 활동은 무엇인지 이야기해 봅시다.

1. 하루 종일 일하고 퇴근하면 녹초가 된다. 운동이 필요하다고 생각하지만 시간의 여유가 전혀 없다.
2. 부모님께 용돈을 타 쓰기 때문에 돈이 많이 드는 취미는 눈치가 보인다. 돈이 안 들고 재미있게 시간을 보낼 수 있는 취미 활동이 필요하다.

• -다나요?

인용된 문장을 전달하는 종결 표현. 인용된 내용에 대해 약간 가볍게 말하는 느낌이 있다.

동생이 새벽 5시에 자기를 좀 깨워 달래요. 내일부터 새벽마다 달리기를 한다나요?

민정 씨가 맛있는 한국 음식점이라면서 이 명함을 한 장 주더군요. 이 집이 서울에서 가장 유명하다나요?

정은 씨가 지갑을 잃어버렸다고 난리예요. 남자 친구한테 선물 받은 소중한 지갑이라나요?

오늘 철수 씨 신경이 무척 날카로워 보여요. 오늘은 자기한테 말도 시키지 말라나요?

대화

빌 리 : 이번 주 일요일에 일반인한테 개방되는 동호인 자동차 경주가 있대요. 누구 같이 가 볼 사람 없어요? 아주 재미있을 텐데.

왕 영 : 자동차 경주라고요? 빌리 씨가 그렇게 위험한 걸 좋아하는지 몰랐어요.

빌 리 : 위험하다니요? 우리 동호회 회원 중에는 프로 선수도 있는데 그 친구 이야기를 들으면 왕영 씨도 몸이 근질근질해질 거예요.

왕 영 : 그 사람이 자동차 경주에 대해 뭐라고 했는데요?

빌 리 : 경기에 나갈 때마다 항상 새로운 상황에 놓이는데, 그 상황에 대처하는 기분을 뭐라고 말로 표현할 수 없대요. 자기가 영화의 주인공이 된 것 같다나요?

영 철 : 그건 전자오락하고 비슷한 느낌일 것 같은데요. 전자오락을 하면서 어려운 상황을 극복할 때의 긴장감과 흥분도 대단하잖아요.

빌 리 : 영철 씨도, 참! 전자오락은 혼자 하는 게임이잖아요. 자동차 경주는 가상 세계가 아니라 실제 상황이라고요. 경쟁 끝에 시속 200km 이상의 속도로 결승선을 지날 때의 짜릿한 쾌감을 어떻게 전자오락에 비교할 수 있어요?

영 철 : 혼자 할 수 있으니까 더 좋지요. 주변에 아무도 없어서 심심할 때 오락을 하다 보면 시간이 얼마나 잘 가는지 몰라요. 심심할 때마다 자동차 경주장에 가기는 힘들지 않겠어요?

나오코 : 혼자 할 수 있는 취미도 필요하기는 해요. 전 스트레스가 쌓이면 혼자서 음악을 크게 틀어 놓고 춤을 추는데, 땀을 흠뻑 흘리고 나면 스트레스가 확 풀려요.

왕 영 : 나오코 씨가 춤추는 모습 한번 보고 싶은데요?

나오코 : 왕영 씨는 좋아하는 운동 없어요?

왕 영 : 그냥 요즘 매일 아침 달리기를 하고 있어요. 요새 자꾸 살이 쪄서 고민이거든요. 살 빼는 데에는 달리기만큼 좋은 운동이 없더라고요.

빌 리 : 우리 모두 취미가 제각각이군요. 같이 자동차 경주 동호회 한번 만들어 볼까 했더니 아예 꿈도 꾸지 말아야겠는데요.

자신의 취미를 가지고 대화를 만들어 봅시다.

일반인　개방되다　동호인　경주(競走)　근질근질하다　대처하다　긴장감　흥분　가상　짜릿하다　쾌감　경주장　확　아예

'ㄴ' 첨가

제각각이군요, 아름답군요, 재미있군요, 비싸군요

'-군요'의 표준 발음은 [구뇨]이지만 'ㄴ'이 첨가되어 [군뇨]로 발음되는 경우가 많다.

[제각까기구뇨 / 제각까기군뇨], [아름답꾸뇨 / 아름답꾼뇨], [재미읻꾸뇨 / 재미읻꾼뇨], [비싸구뇨 / 비싸군뇨]

듣기 2

다음과 관계있는 것을 고르십시오.

완주	역주	반환점	결승선	장거리
① 수영	② 마라톤	③ 역도	④ 양궁	⑤ 사격

기사의 제목을 보고 내용을 상상해 봅시다.

남녀노소 강바람 역주

1. 운동 종목 :
2. 장　소 :
3. 참가자 :

잘 듣고 질문에 답하십시오.

1. 들은 내용과 같은 것을 고르십시오.
   ① 서울에서 외국인 마라톤 대회가 열렸다.
   ② 시각 장애인들도 대회에 참가했다.
   ③ 노인과 어린이들이 열띤 응원을 했다.
   ④ 참가자들은 한강 시민 공원에서 출발하였다.

2. 어떤 사람들이 행복상을 받았습니까?

3. 들은 내용을 바탕으로 기사의 개요를 완성하십시오.
   - 날짜 : 5월 27일
   - 코스 종류 : 하프 코스, 10km, 5km
   - 출발지 :
   - 참가자 :
   - 대회 분위기 :

앞에서 작성한 개요를 바탕으로 뉴스 내용을 짧게 요약한 후 기자처럼 보도해 보십시오.

문 법

• 판단 표현

1 밑줄 친 부분의 의미와 용법에 대해 이야기해 봅시다.

1. 〈보기〉에서 바꿀 수 있는 말 또는 비슷한 말을 찾아보십시오.

① 어머니는 달라진 내 모습을 보고 깜짝 놀라셨다. ⇒ 쳐다보다
② 제가 끓인 국의 간이 맞는지 좀 봐 주시겠어요?
③ 제가 없는 동안 김영희 씨가 제 일을 대신 봐 줄 겁니다.
④ 집안일 중에서 아이 보는 일이 제일 힘들어요.
⑤ 어머니는 설 음식 준비한다고 누나랑 함께 시장 보러 가셨어요.
⑥ 시험 보기 전에는 누구나 긴장을 하게 마련이지요.
⑦ 그는 첫아들을 본 후 신이 나서 온 친척과 친지들에게 전화를 했다.
⑧ 네 살 차이는 궁합도 보지 않는다면서요? 정말 네 살 차이는 항상 궁합이 좋을까요?
⑨ 너희 집은 무슨 신문 보니?
⑩ 오늘따라 교회에 예배를 보러 온 사람들이 더 많아 보인다.
⑪ 노동자와 고용자가 타협을 보는 데에는 꽤 오랜 시일이 걸린다.
⑫ 우리 아이가 이상한 짓을 하더라도 부디 날 봐서 좀 참아 주게.
⑬ 빌리 씨가 나보고 언제 대학원에 갈 거냐고 묻더군요.

〈보기〉 쳐다보다 / 처리하다 / 돌보다 / 물건을 사다 / 치다 / 낳다/ 운수를 알아보다 / 구독하다 / 드리다 / 이루다 / 고려하다 / 맛을 보다 / -한테

2. 밑줄 친 부분의 의미에 대해 생각해 봅시다.

① 오늘도 결근한 걸 보니 정말 많이 아픈 모양이에요.
② 역사적으로 볼 때 이 도시는 이 나라의 흥망성쇠를 상징하는 곳입니다.
③ 학생들 입장에서 볼 때 비싼 등록금은 부담스러운 것이 당연합니다.
④ 공손하게 말하는 것으로 보아서는 우리한테 나쁜 감정이 있는 것 같지 않아요.
⑤ 외국인들에게는 충분한 설명과 예문이 제시된 사전이 반드시 필요하다고 봅니다.

3. 한국어 사전에서 동사 '보다'를 찾아서 그 의미와 용법을 읽어 봅시다. 또 '보다'처럼 다양한 뜻을 갖는 동사에는 무엇이 있는지 이야기해 봅시다.

• -(으)로 볼 때

앞의 내용이 판단의 기준 또는 근거가 되어 어떤 내용을 추측하거나 주장할 때 쓴다.

경제적으로 볼 때 지금 차를 사는 건 무리입니다.
경력으로 볼 때 김지은 씨를 따라올 사람이 아무도 없습니다.
백화점 매출이 늘어난 것으로 볼 때 소비 심리가 다시 살아난 게 분명합니다.

• -에서 볼 때

앞의 내용이 판단의 기준이 된다. '면', '입장' 등 기준을 나타내는 명사와 함께 잘 쓰이며, '역사적 / 과학적' 등 '-적' 표현에 직접 붙여 쓰지 않는다.

가격 면에서 볼 때 우리 제품의 경쟁력이 떨어진다.
경제적인 면에서 볼 때 지금 차를 사는 건 무리입니다.
우리 입장에서 볼 때 더 이상 가격을 내리는 건 제 살 깎아먹기에 불과합니다.

2 알맞은 것을 연결한 후 '-(으)로 볼 때'나 '-에서 볼 때'를 사용하여 문장을 완성하십시오.

체격	한국 농구 선수들보다 중국 선수들이 훨씬 큽니다.
학생 입장	불치병에 걸린 환자에게 병명을 가르쳐 주는 것이 더 낫다.
시설 면	졸업 후 전공과 관련된 직장에 가는 것이 가장 좋다.
의사 입장	우리 제품이 타사 제품에 비해 경쟁력이 떨어집니다.
가격	그 학교가 제일 현대화되었습니다.
경제적	그 섬은 아직 개발할 부분이 많이 있다.
관광 자원	차를 사는 것보다는 집을 사는 것이 낫다.

〈보기〉 체격으로 볼 때 한국 농구 선수들보다 중국 선수들이 훨씬 큽니다.

• -(으)로 보아서는

주어진 상황을 바탕으로 하여 추측하거나 판단을 내릴 때 사용한다.

어색한 표정을 짓는 것으로 보아서는 뭔가 숨기고 있는 것 같은데.
당당하게 말하는 것으로 보아서는 제대로 실력을 갖추고 있는 것 같아.
기분이 좋은 걸로 보아서는 아직 자신에 대한 나쁜 소문을 듣지 못한 것 같아요.

3 '-(으)로 보아서는'을 사용하여 주어진 상황에 따라 추측해 봅시다.

〈보기〉 매일 지각하는 걸로 보아서는 아주 게으른 사람인 것 같아.

1. 시험지 채점을 하는 선생님의 얼굴 표정이 좋지 않다. 종종 한숨도 쉬신다.
2. 친구와 나는 무슨 영화를 볼까 망설이고 있다. 종로 극장 매표소에 줄을 서 있는 사람이 아주 많고, 영화를 보고 나오는 사람들도 모두 웃고 있다.
3. 남동생과 이야기하고 있는 여자의 나이가 궁금하다. 가만히 지켜보니까 그 여자는 동생한테 반말을 하고 있다.

• **-고 보니**

'어떤 일이 일어난 후에 생각하니까' 의 뜻을 갖는다.

갑자기 사고를 당하고 보니 무엇부터 해야 할지 눈앞이 캄캄해지더군요.

그 사람도 알고 보니 고생을 많이 한 사람이더라고요.

그때는 어려운 일이라고 생각했지만, 지나고 보니 모두 추억으로 남네요.

4 〈보기〉와 같이 '-고 보니'를 사용하여 문장을 완성하십시오.

〈보기〉 사장님 말씀을 듣고 보니 회사 사정도 이해가 됩니다.

1. ______________ 지난 번에 샀던 옷과 비슷한 디자인이었다.
2. ______________ 3년 전에 소개 받았던 사람이었다.
3. ______________ 그 사람이 내게 얼마나 소중한 존재인지 알겠다.
4. ______________ 예선에 푼 석이 있었던 쉬운 문제였다.

5 '보다'를 문맥에 맞게 사용하여 다음 이야기를 완성하십시오.

저는 오늘 여러분께 수영에 대해 설명드리려고 합니다.

수영이 언제 시작되었는지 분명하지 않지만, 오천 년 전 이집트에서 병사가 강을 헤엄치고 있는 그림이 전해지는 것 ______________ 수영의 역사가 꽤 오래된 것 같습니다.

여러분도 아시다시피 수영은 상체와 하체의 근육을 모두 사용하는 전신 운동입니다. 물 속에서 하는 운동이기 때문에 지상에서 하는 운동과 달리 부상의 위험이 훨씬 적습니다. 의학적 ______________, 수영은 노인이나 환자들, 근육에 이상이 있는 사람들에게도 적합한 운동이라고 합니다.

처음 수영을 하려는 사람들은 강습을 받는 것이 좋습니다. 전문가의 입장 ______________, 올바른 수영 방법을 배우는 것이 운동 효과를 높이는 지름길입니다. 요즘 살을 빼고 싶어하시는 분들이 많은데 수영은 다이어트에도 많은 효과가 있습니다.

말씀을 드리고 ______________, 제가 수영의 장점에 대해서만 이야기한 것 같군요. 수영을 할 때 주의 사항도 많습니다만, 시간 관계상 그것은 다음 기회에 말씀드리겠습니다.

읽기 1

다음은 각각 무엇을 하는 모습일까요? 1 의 그림에서 주변에 서 있는 사람은 무슨 생각을 하고 있을지 이야기해 보십시오. 그림 1 과 2 의 공통점, 차이점에 대해 이야기해 보십시오.

1

2

다음 글을 읽고 질문에 답하십시오.

전통 놀이 '장기와 바둑'

한국인의 오랜 사랑을 받아 온 오락으로 장기와 바둑을 빼놓을 수 없다. 장기판, 바둑판 앞에 앉아 어떤 수를 둘까 고민하다 보면 어느새 시간이 쏜살같이 흘러가서 끼니까지 거르기 십상이다. 구경하던 사람들까지 "거기다 두면 안 되지.", "옳지, 바로 그거야." 하고 훈수를 두다가 시간이 얼마나 지났는지도 모르게 된다. 노인이든 젊은이든, 실내든 실외든 나이와 장소에 관계없이 돈 들이지 않고 긴 시간을 즐겁게 보낼 수 있으니 그야말로 서민의 오락이라고 할 수 있다.

장기와 바둑은 서민들의 사랑을 받아 온 역사가 길지만 그 기원은 분명치 않다.

장기는 인도의 승려들이 수도 생활을 하면서 틈틈이 즐겼던 놀이에서 기원했다는 설이 있다. 인도에서 중국으로 건너갔다가 한국에까지 전래되는 과정에서 조금씩 변화되어 중국, 일본, 한국의 장기가 모두 다르다고 한다. 놀이 방법은 두 사람이 장기판을 사이에 두고 마주 앉아 규칙에 따라 번갈아 가며 두는 것이다. 장기짝은 16개씩을 한 조로 하여 각각 푸른 글자와 붉은 글자 차(車) 2개, 포(包) 2개, 마(馬) 2개, 상(象) 2개, 사(士) 2개, 병(兵) 또는 졸(卒) 5개씩을 써 넣고 나머지 제일 커다란 장기짝에는 각각 한(漢)과 초(楚)를 써 넣은 것인데, 한과 초를 써 넣은 장기짝을 '장(將)'이라고 한다. 번갈아 가며 두기 때문에 한번 잘못 두면 돌이킬 수 없는 패배를 가져오기도 한다. 장기판 앞에서 상기된 얼굴로 "한 번만 물러 달라.", "안 물러 주겠다." 하고 다투는 모습은 흔히 볼 수 있는 장면이다.

바둑 역시 장기와 마찬가지로 나이와 장소의 제한이 없다. 바둑판을 사이에 두고 마주 앉은 두 사람이 흑, 백의 바둑돌을 나누어 가지고서 교대로 두어 많은 집을 지은 쪽이 이기게 된다. 바둑에서 '집'이란 돌들로 둘러싸인 곳을 말한다.

흑과 백이 서로 많은 집을 지으려다 보니 경계선을 둘러싸고 치열한 싸움이 일어나게 된다. 흑, 백의 돌들이 접촉하는 과정에서 돌의 삶과 죽음이 끊임없이 발생하므로 바둑은 인간의 삶에 비유되곤 한다. 바둑을 통해 수많은 격언과 교훈이 생겨나기도 했다.

현대의 바둑은 서민들의 실내 오락일 뿐만 아니라 중요한 프로 스포츠이기도 하다. 한국에서는 1955

년에 정식 프로 바둑 대회가 열린 이후 바둑이 점진적인 발전을 이루어 왔다. 국제 무대에서 활약하는 이름난 기사들이 많아지고, 나이 어린 기사들이 뛰어난 실력을 발휘하면서 끊임없이 바둑계의 세대교체 바람을 불러일으켰다. 게다가 요즘에는 여류 기사들까지 가세하여 남녀노소의 구분없이 대결을 벌이고 있다.

인터넷 게임의 등장과 함께 장기와 바둑은 새로운 형태로 인기를 누리고 있다. 밤이건 낮이건, 혼자건 둘이건 간에 언제 어디서나 수준에 맞는 상대편과 게임을 할 수 있게 되었다. 나이와 공간의 제한뿐만 아니라 시간의 제약, 반드시 상대편이 눈앞에 존재해야 한다는 제약까지 사라져 버린 것이다. 과거의 정겨운 풍경들, 소리 높여 훈수 두는 구경꾼, 한 수만 물러 달라고 생떼 쓰는 사람의 모습은 찾아보기 어렵지만 새로운 세계에 새로운 방식으로 적응한 전통 놀이는 여전히 대중의 곁에 남아 있다.

1. 장기와 바둑을 '서민의 오락'이라고 하는 이유는 무엇입니까?

2. 바둑이 인생에 비유되는 까닭은 무엇입니까?

3. 인터넷 장기와 바둑의 장점을 이야기해 보십시오.

4. 이 글의 내용과 같은 것을 고르십시오.
   ① 장기는 중국에서 인도, 한국, 일본으로 전파되었다.
   ② 장기는 주로 남자 어린이들이 했던 놀이이다.
   ③ 바둑은 승려들의 수도 생활에서 기원하였다.
   ④ 바둑을 둘 때 집을 많이 짓는 쪽이 승자가 된다.

끼니 거르다 십상 훈수 기원(起源) 승려 수도(修道) 전래되다 상기되다
무르다 경계선 치열하다 접촉하다 비유되다 격언 정식 점진적 기사(棋士)
세대교체 여류(女流) 가세하다 인기를 누리다 제약(制約) 생떼를 쓰다

- **-기 십상이다**
  아이의 기를 살린다고 뭐든지 오냐오냐하다가는 버릇없는 아이로 만들기 십상이에요.
  가을은 밤에 이불을 덮지 않고 자다가 감기에 걸리기 십상인 계절이다.
  괜히 다른 사람 일에 자주 참견하다 보면 잔소리꾼이라는 핀잔을 듣기 십상이야.

- **-든 -든**
  배가 고프니까 떡이든 밥이든 얼른 아무거나 주세요.
  좋든 싫든 이제 한 배를 탔으니 서로 사이좋게 지내도록 노력해야지.
  시합에서 이겼든 졌든 참여한 선수들은 모두 충분한 보상을 받아야 한다.

- **-건 -건**
  남이야 아프건 말건 신경 쓰지 말고 네 일이나 열심히 해라.
  내가 그 사람을 만나건 말건 네가 상관할 바가 아니잖니?
  쌀밥이건 잡곡밥이건 간에 규칙적으로 식사하는 것이 건강을 위해 가장 중요하다.
  일이 잘됐건 잘못됐건 간에 우리가 받을 돈은 일정한 거 아닙니까?

읽기 2

여러분은 취미 활동, 문화 행사에 대한 정보를 주로 어디에서 찾습니까?

문화 행사에 대한 정보를 찾았을 때 주로 무엇을 주의 깊게 보는지 이야기해 보십시오.

☐ 행사 이름	☐ 주관	☐ 장소	☐ 일정	☐ 참가 자격
☐ 행사의 의의	☐ 행사 순서	☐ 행사 내용	☐ 참가비	☐ 연락처

다음은 신문의 짧은 기사 모음입니다. 핵심 정보를 중심으로 간단히 훑어보십시오.

1

서울 산악회(대표 정수호)는 기초 암벽 등반 12기 회원을 모집한다. 회비는 무료이며, 강의는 10월 15일 ~ 11월 21일 매주 토·일요일 10회로 구성된다. 야영 이론 강습, 실전 등반 등을 북한산 인수봉에서 교육한다.

2

㈜경기 이벤트(대표 김영환)는 27일 인천 호텔에서 '더불어 살기'라는 주제로 디너쇼를 개최한다. 국악 랩으로 화제가 되고 있는 '굿(Good)'의 공연과 불우 이웃 돕기 기금 마련을 위한 연예인 소품 경매 등 다양한 행사가 열린다.

3

한국 어린이 축구회(회장 민철수)는 지난 1일부터 어린이 축구 가을 리그를 시작했다. 6~14세 남녀 어린이면 누구나 참가할 수 있는 가을 리그는 연중 리그를 치르고 있는 서초구장과 송파구장을 비롯해 전국 광역시와 일산, 분당, 서울 노원 등지로 확대돼 매주 토요일 열린다. 이번 가을 리그에는 각 지역 태권도장이 '어린이 축구 가을 리그'를 주말 교육 프로그램으로 채택해 참가팀이 늘었다.

4

국민 생활체육 전국 배드민턴연합회(회장 최정수)는 제20회 국민 생활체육 전국 배드민턴 가족 축제를 개최한다. 이번 축제에는 두 사람의 나이를 합해 100세 이상이면 누구나 참가 가능한 '100세 조' 경기가 신설됐다. 남자 복식, 여자 복식, 혼합 복식 세 종목에 걸쳐 부부, 형제, 자매, 이웃 등이 짝을 이루면 누구나 참가할 수 있다. 축제는 다음 달 18~19일 충북 제천 체육관에서 펼쳐진다. 신청 마감은 다음 달 8일까지.

5

충남 당진에서 길이 200m, 줄 머리 지름 1.8m, 무게 40t의 국내 최대 규모 밧줄로 하는 줄다리기 축제가 열린다. 오는 29일부터 4월 1일까지 충남 당진군 송악면에서 펼쳐진다. 윤년마다 펼쳐지는 줄다리기 행사는 무형문화재 제75호로 민족의 단결, 풍년을 기원하는 전통 축제이다. 송악면을 중심으로 강 아랫마을과 윗마을 주민 1,000여 명이 편을 나눠 승부를 가린다. 이긴 편은 올해의 풍년을 약속 받는다. 승부도 승부지만 줄다리기가 끝나면 구경하던 관광객들이 밧줄을 잘라 가기 위해 우르르 달려드는 진풍경이 벌어지기도 한다. 볏짚과 볏짚을 이어 놓은 부분을 끓여 마시면 불임증과 요통에 효험이 있다고 알려졌기 때문이다.

1. 기사의 핵심어를 이용하여 알맞은 제목을 붙여 보십시오.

기 사	제 목
1	서울 산악회, 기초 암벽 등반 회원 모집
2	
3	
4	
5	

2. 다음 사람들이 꼼꼼히 읽을 만한 기사는 무엇입니까?

빌 리 : 한국의 전통문화, 민간 속설에 관심이 많다. 대규모의 행사에 참여해서 한국 문화를 직접 체험하고 싶다.

이민정 : 야영을 좋아하지만 대학원에 와서 공부하느라고 야영할 기회는 별로 없었다. 주말을 이용해서 등반 훈련을 받고 싶다.

김영철 : 평소 운동을 좋아하시는 부모님을 위해 특별한 기회를 마련해 드리고 싶다. 올해 아버지 연세는 55세, 어머니 연세는 51세이다.

3. 위의 행사 중 자선 활동과 관련이 있는 것은 무엇입니까?

4. 5의 기사를 짧게 요약하려고 합니다. 어떤 내용이 반드시 들어가야 할까요? 핵심어를 중심으로 기사를 다시 작성해 보십시오.

자신이 관심 있는 취미 활동 또는 문화 행사에 대한 정보를 신문에서 찾아서 발표해 봅시다.

산악회 등반 야영 실전 화제 기금 소품 경매 채택하다 신설되다 복식 지름 밧줄 윤년 무형문화재 단결 승부를 가리다 우르르 진풍경이 벌어지다 불임증 요통 효험

쓰 기

- 주어진 요지로 글 완성하기
- 항목에 맞게 메모하기
- 상담 게시판에 글 올리기

1 다음 상담 내용에 알맞은 답변의 글을 써 보십시오.

글쓴이	김영훈
내 용	안녕하세요? 저는 고등학교 2학년에 재학 중인 학생인데 진학 문제로 고민이 많습니다. 그래서 몇 가지 여쭤 보고자 이렇게 글을 올리게 되었습니다. 제 주변의 사람들은 저에게 경제학과나 법학과를 가라고 합니다. 그런 학과를 졸업해야 나중에 취직하기 좋다는 겁니다. 하지만 제 장래 희망은 축구 지도자가 되는 겁니다. 훌륭한 축구 지도자가 되어서 한국의 축구 발전에 조금이나마 기여하고 싶습니다. 그런데 축구 지도자가 되려면 어떤 학과에 진학하는 것이 좋을지 잘 모르겠습니다. 저는 스포츠 심리학과나 스포츠 경영학과에 가는 게 좋을 거라고 생각했으나, 어느 대학에 그런 학과가 있는지 잘 모르겠습니다. 혹시 축구 지도자가 되기에 유리한 학과가 있으면 좀 가르쳐 주십시오. 부디 빠른 시일 내에 답변을 주시면 감사하겠습니다. 안녕히 계십시오.
이전 글	축구 4강 진출 눈앞에
다음 글	선수들의 사기를 북돋아 주려면

수정 삭제 쓰기 답변

☞ 답변에 들어갈 내용

- 스포츠 심리학과 경영학이 축구 지도자에게 필요한 것은 사실이나 학부 과정에서 학과로 개설되기보다는 학과목으로 개설되는 것이 일반적임. 대학원에서 전공하기 바람
- 축구 지도자가 되려면 다양한 경험을 쌓는 것이 중요함. 학부 과정에서는 광범위하게 공부할 수 있도록 체육학과에 들어가는 것이 무난함

2 다음 상담 게시판 중에서 이용하고 싶은 것을 고른 후 구체적인 상담 내용을 생각해 보십시오.

☐ 진로 상담 ☐ 건강 상담 ☐ 학습 상담 ☐ 기타 (   )

3 다음 항목에 간단히 메모한 후 여러분이 고른 상담 게시판에 올릴 글을 써 보십시오.

- 간단한 자기 소개
- 상담의 동기
- 상담 내용
- 자신이 생각하는 해결 방안
- 구체적으로 알고 싶은 정보

표현

- **상담 동기를 말할 때**

문의할 것이 있어서 이렇게 상담을 드립니다.
몇 가지 여쭤 보고자 이렇게 글을 올리게 되었습니다.

말하기

- 인기 스포츠에 대해 말하기
- 전통 스포츠에 대해 발표하기
- 발표 내용에 대해 토의하기

모둠 활동 통계에 의하면 한국인이 가장 좋아하는 스포츠는 축구이고, 다음으로 야구, 농구, 배구의 순이라고 합니다. 90년대부터는 골프를 좋아하는 사람들도 많이 늘었습니다. 여러분의 경우는 어떻습니까? 스포츠에 대해 이야기해 봅시다.

1. 여러분 나라에서 가장 인기 있는 스포츠는 무엇입니까?
2. 여러분 나라에서 최근 몇 년 동안 새롭게 인기를 끌기 시작하는 스포츠가 있습니까? 왜 그 스포츠가 인기를 얻게 되었는지 이야기해 보십시오.
3. 여러분 나라에서 가장 인기 있는 운동 선수에 대하여 이야기해 보십시오.
4. 자신이 좋아하는 스포츠 팀이 있으면 이야기해 보십시오. 그 팀을 좋아하는 이유는 무엇입니까?
5. 자주 하는 스포츠에 대하여 이야기해 보십시오. 주로 언제, 어디서, 누구와 하는지 이야기해 보십시오.
6. 요즘에는 소수의 동호인들이 즐기는 특이한 스포츠 종목이 많다고 합니다. 여러분이 알고 있는 특이한 스포츠 종목을 소개해 보십시오.

전통 스포츠에 대해 조사하여 발표해 봅시다. 듣는 사람들은 발표 내용을 간단히 요약하십시오.

구 분	역사	운동 범위	기본 동작 / 방법	세계에 알려진 정도	비고
태권도	2000년 전 한국에서 만듦	전신 운동	맨손과 맨발로 자신을 방어하고 공격함	올림픽 정식 종목으로 채택됨	정신 수련이 중요함

발표 내용을 바탕으로 다음 주제에 대하여 토의하십시오.

1. 가장 유사한 전통 스포츠는 무엇입니까? 어떤 점에서 유사합니까?
2. 일반인이 하기에 가장 쉬운 운동은 무엇입니까? 왜 그렇게 생각합니까?
3. 어린이들에게 가장 추천할 만한 운동은 무엇입니까? 왜 그렇게 생각합니까?

제 6 과 기후와 여행

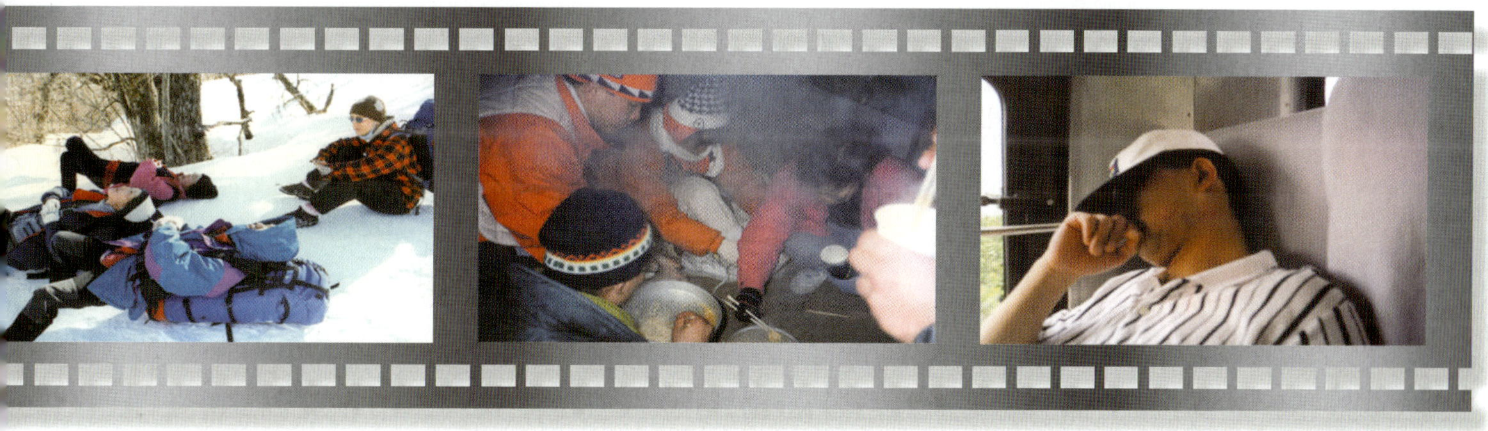

주제 : 기후와 기상, 일기 예보, 한국의 여행지 관광 상품

문법 / 표현 : 회상 표현, 의견을 조율할 때

도 입

각 그림에 맞는 날씨를 〈보기〉에서 찾아 쓰십시오. 자신이 좋아하는 날씨를 골라 그날 하고 싶은 것을 쓰십시오.

날씨 그림						
날씨	비					
하고 싶은 것	읽고 싶었던 책을 마음껏 읽고, 따끈한 칼국수를 먹고 싶다.					

〈보기〉 맑음 흐림 <u>비</u> 흐리다 갬 구름 조금 천둥 · 번개

다음 사람들은 어느 요일의 일기 예보를 보고 이야기하는 것일까요?

요일	월	화	수	목	금	토	일
날씨							

빌 리 : 낚시를 가려고 벼르고 있었는데 마침 잘됐다. 낚시를 하려면 무엇보다 날씨가 맑아야 한다.

정 은 : 친구와 공원에 가려던 계획을 취소하고 실내 박물관에 가야겠다. 빨래도 못할 테니 잠이나 실컷 자야겠다.

나오코 : 가까운 곳에 산책을 가야겠다. 비 온 후라서 경치가 더 깨끗할 것이다.

다음 사람들에게 알맞은 여행지를 추천하십시오.

왕 영 : 바다와 산을 함께 볼 수 있는 곳이 없을까요?

빌 리 : 한국의 전통 생활상을 알아볼 수 있는 곳을 알려 주세요. 전통적인 가옥이 잘 보존되어 있는 곳이 었으면 좋겠고요.

영 철 : 편의 시설이 잘 되어 있고 현대적인 발전상을 느낄 수 있는 곳이었으면 좋겠어요.

나오코 : 전통문화 체험을 할 수 있는 곳이 어디 없을까요?

〈보기〉 빌리에게 추천합니다.

안국동에 가면 경복궁 안에 민속 박물관이 있어요. 그곳에 가면 여러 모형을 통해 한국의 역사와 생활상을 자세히 볼 수 있어요. 선사 시대부터 1960~70년대까지의 모습을 볼 수 있어요. 또한, 경복궁 앞의 북촌 마을에 가면 조선 시대 가옥들이 있어서 전통의 향기를 느낄 수 있어요. 한번 가 보세요.

듣기 1

- 한국에서 여행을 한 적이 있습니까? 어디에 갔습니까? 그곳에 대한 추억을 이야기해 보십시오.

- 잘 듣고 질문에 답하십시오.

1. 어디에서 하는 대화입니까?

2. 장태산에 대한 설명을 고르십시오.

   ① 1박 2일 정도로 여행할 수 있는 곳이다.
   ② 조선 시대의 왕이 다녀갔다는 기록이 있다.
   ③ 이순신 장군의 사당인 현충사가 있다.
   ④ 민속 마을이 있고 문화재가 잘 보존되어 있다.

3. 장태산에 가면 무엇을 할 수 있습니까? 들은 것을 모두 이야기해 보십시오.

4. 상담원이 소개한 온양의 특징을 모두 고르십시오.

   ① 추사 김정희의 글씨가 있다.
   ② 오래된 온천지이다.
   ③ 예안 이씨가 살았던 흔적이 있다.
   ④ 깨끗한 숙박 업소가 많다.

5. 빌리가 온양에 가고 싶어하는 이유는 무엇입니까?

- 관광 상품을 홍보하려고 합니다. 장태산과 온양 중에서 한 곳을 선택하여 홍보 문안을 만들어 봅시다.

• -아/어서야 어디 ~?

선행문의 내용을 근거로 후행문에서 부정적인 판단을 내릴 때 쓴다. 항상 의문문의 형태로 끝난다.

이렇게 추워서야 어디 오늘 안에 벽돌 쌓는 일을 다 할 수 있겠어요?
못 먹는 것이 저렇게 많아서야 어디 제대로 영양 섭취를 할 수 있겠어요?
하는 일마다 이유를 달아서야 어디 함께 일할 맛이 나겠어요?

대화

상담원 : 어서 오세요.

빌 리 : 여행 상담을 하려고 왔는데요.

상담원 : 네, 이쪽으로 앉으세요.

빌 리 : 한국에서 많이 알려지지 않은 조용한 여행지를 찾고 싶은데요. 친구와 함께 1박 2일 정도 여행할 수 있는 곳으로요. 또, 간 김에 여러 군데를 돌아볼 수 있으면 더 좋겠습니다.

상담원 : 호젓하게 즐기실 수 있는 몇 군데가 있는데요. 장태산에 가 보셨나요?

빌 리 : 아니요, 아직 안 가 봤어요.

상담원 : 장태산은 충남에 있는데요, 기암괴석과 계곡이 있어요. 통나무집과 캠핑장도 갖추고 있고요. 가까이에 유성 온천이 있어서 들러 보실 수 있고 동학사라는 절도 있어요. 이 절은 비구니들만 계신 절이에요.

빌 리 : 가까워서 1박 2일 일정에 맞겠네요. 한 군데 더 추천해 주실 수 있겠습니까? 문화 유적을 볼 수 있는 곳이었으면 좋겠습니다.

상담원 : 온양에 가 보셨나요?

빌 리 : 아니요, 온양에 가면 어떤 것들이 있나요?

상담원 : 온양 민속 마을에는 500년 전에 정착한 예안 이씨 일가가 지금까지 한 마을을 이루어 살고 있습니다. 또한, 추사 김정희의 글씨와 이순신 장군의 사당인 현충사가 있습니다. 잘 보존되어 있어서 둘러보시기에 좋을 거예요.

빌 리 : 민속 마을이 있고 문화재 보존이 잘 되어 있다니 한번 가 보고 싶네요. 제가 듣기로는 온양은 온천도 유명하다던데요?

상담원 : 네, 맞아요. 온양은 아주 오래된 온천지입니다. 온천에 가 보지 않고서야 어디 온양에 다녀왔다고 할 수 있나요? 조선 시대 여러 임금이 요양했다는 기록이 남아 있을 정도로 유명한 곳이에요.

빌 리 : 장태산과 온양 모두 매력적인 곳이네요. 이번에 두 군데 다 가기는 어려울 것 같고, 먼저 온양 쪽에 가 보는 것이 좋겠습니다.

상담원 : 네, 그럼 온양으로 예약을 하시지요.

여행지 한 곳을 정하여 여행사 직원과 고객이 상담하는 대화를 만들어 봅시다.

호젓하다 기암괴석 계곡 비구니 유적 일가 사당 둘러보다 요양하다

듣기 2

옆에 앉은 친구가 좋아할 것 같은 날씨에 대해서 말해 보십시오. 왜 그렇게 생각했습니까?

요즘의 기상 조건과 관계있는 단어에 표시하십시오.

□ 꽃샘추위	□ 삼한 사온	□ 인공 강우	□ 호우 주의보
□ 해빙기	□ 건조 주의보	□ 폭설	□ 황사 현상
□ 강풍	□ 불쾌지수	□ 자외선	□ 강수량

잘 듣고 질문에 답하십시오.

1. 들은 내용과 같은 것을 고르십시오.
   ① 야생 곰, 뱀, 개구리들도 요즘에는 겨울잠을 자지 않는다.
   ② 먹이만 일정하게 공급되면 포유 동물들은 겨울잠을 자지 않는다.
   ③ 이상 고온 현상 때문에 겨울잠을 안 자는 동물들이 늘어난다.
   ④ 동물원의 동물들은 겨울잠을 짧게 자는 편이다.

2. 동물원의 곰들이 가을에 풀이나 나무껍질을 뜯어먹는 이유는 무엇입니까?

3. 들은 내용과 같은 것을 고르십시오.
   ① 주말에는 기온이 더 내려갈 것이다.
   ② 중부 지방은 오후부터 비나 눈이 오는 곳이 있을 것이다.
   ③ 남부와 제주도는 맑다가 저녁부터 흐려질 것이다.
   ④ 강원 산간 지방에는 폭우가 쏟아질 것이다.

현재의 기상 조건을 참조하여 다음 항목을 중심으로 내일 날씨를 예보하십시오.

① 기온　　② 강수량 / 바람
③ 습도　　④ 생활 지수 : 외출 / 세탁 / 운동 / 의상

현재 반의 분위기를 날씨로 표현해 보십시오.

• -(으)ㄴ / 는 / (으)ㄹ 듯(이)

'-(으)ㄴ / 는 / (으)ㄹ 것처럼'과 유사한 뜻으로 쓰인다.

그 사람은 우리 형제를 처음 본 듯이 데면데면하게 대했다.
너무도 충격적인 사실을 접하고 발이 땅에 붙은 듯 한참 동안 멍하게 서 있었다.
고층 건물이 하늘을 찌를 듯이 높이 솟아 있다.

문 법

• 회상 표현

1. 직접 보거나 경험한 것을 옆 사람에게 말해 주려고 합니다. 알맞은 표현을 사용하여 이야기해 보십시오.

	직접 보거나 경험한 것	옆 사람에게 말할 때
1	중간 시험을 보는데 미처 예상하지 못한 문제가 나왔다. 얼마나 긴장이 되었는지 아는 것도 제대로 쓸 수 없었다.	중간 시험을 보는데 예상하지 못한 문제가 나왔더라고. 얼마나 긴장이 되었는지 아는 것도 제대로 쓸 수 없더라.
2	제주도에 갔다. 제주도는 여름보다 봄이 더 아름다운 것 같다. 그런데 사람들은 여름에 제주도를 더 많이 찾는다.	
3	지난주에 전주에 있는 한 식당에 갔는데 음식 맛이 좋아서 그런지 사람들로 북적거렸다.	

2. 밑줄 친 부분의 공통점에 대하여 이야기해 보십시오.

외국에 나갔다 들어오면 인천 공항이 그렇게 반가울 수가 없더라고요.
온양에 정말 그렇게 온천이 많던가요? 저는 안 가 봐서 모르거든요.
작년 가을에 북한산 단풍이 기가 막히게 곱던데 올해는 어떨지 모르겠어요.
새로 문을 연 슈퍼에서 과자를 하나 사면 하나를 덤으로 주는 행사를 하데요.

• **-더라니**

어떤 결과에 대해 그러하리라고 생각했던 것이 과연 그대로 되었음을 말할 때에 쓴다. '어쩐지'와 함께 자주 쓰인다.

어쩐지 도시락을 두 개 싸 오고 싶더라니 네가 와 있었구나.
한동안 전화를 받지 않더라니 집을 오래 떠나 있었구나.

• **-던가요?**

상대방의 경험을 회상하게 하여 그에 대해 물을 때 쓴다. 자신의 경험을 강조하여 표현할 때 사용하기도 한다.

어디서 이런 걸 공짜로 주던가요?
고향을 떠나 지내면서 고향이 그리웠던 적은 없었던가요?
생각해 보면 그동안 얼마나 가슴 졸이며 살았던가?

3 '-더라니'를 사용하여 문장을 완성하십시오.

〈보기〉 얼굴빛이 좋지 않았다. ➡ 어쩐지 얼굴빛이 좋지 않더라니 말 못할 사정이 있었구나.

1. 학교 앞에 있는 가게가 며칠 동안 문을 열지 않았다.
2. 길에서 마주칠 때마다 핸드폰으로 전화를 걸고 있었다.
3. 시험 기간에도 공부는 하지 않고 인터넷만 했다.

4 두 사람 중 한 사람만 가 본 장소를 정하십시오. 〈보기〉와 같이 회상 표현을 이용하여 묻고 대답하십시오.

〈보기〉 (빌리는 제주도에 가 봤고 왕영은 간 적이 없다.)
왕영 : 제주도에 외국인 관광객이 많던가요?
빌리 : 네, 제가 갔을 때에는 외국인 관광객이 꽤 많던데요.

• **-더라고(요)**
경험을 통해 새롭게 인지하게 된 사실을 듣는 이에게 알린다.
순한 사람이라고 생각했는데 화가 나니까 대단하더라고.
제가 외국에서 왔다고 하니까 안 믿어 주더라고요.

• **-던데(요)**
경험한 사실을 보고하듯이 말할 때 사용한다. 의외라는 느낌을 주기도 한다.
그동안 오해를 받고 있었던 강 사장은 오히려 덤덤하던데요.
내가 보기에는 그 회사의 경영 상태가 점점 더 안 좋아지는 것 같던데.

• **-데(요)**
구어체에서 자신의 경험이나 느낌에 대해 타인에게 비로소 일러 줄 때 쓴다.
비가 오니까 길이 더 막히데요. 그래서 차를 돌려서 집에 세워 놓고 지하철을 타고 왔어요.
꽤 힘든 생활을 한다고 들었는데 실제로 만나 보니 자기 나름대로 잘 적응하고 있는 것 같데요.

5 다음은 춘천에 다녀온 경험을 적은 것입니다. '-더라고(요)', '-던데(요)', '-데요'를 사용하여 친구에게 전달하십시오.

	호반의 도시, 춘천
1	청량리역에서 무궁화호를 타고 1시간 30분 정도 걸린다.
2	가는 길에 대성리와 강촌을 지나는데 경치가 아주 좋다.
3	닭갈비와 막국수가 유명하다.
4	공지천이라는 호수가 있고 작은 공원도 여러 개 있었다.
5	공지천 한가운데 있는 커피숍에서 커피를 마셨는데 분위기가 아주 좋았다.

6 다음은 제주도를 다녀온 후 쓴 편지입니다. (   ) 안의 동사를 알맞은 회상 표현으로 고쳐 쓰십시오.

한국 사람이 평생에 한번은 간다는 제주도에 다녀왔어. 제주 공항에 내리니 서울이나 인천과는 다른 분위기가 ________ (느껴지다). 이국적이라는 말은 이럴 때 사용하는 걸까? 서울에 비해서 날씨가 아주 따뜻했어. 그래서 다른 계절보다 겨울에 제주도에 가는 것이 제주도를 더 많이 즐길 수 있는 것이 아닐까 하는 생각이 들었지. 3박 4일의 여정 동안 날씨가 따뜻해서 일찍 봄을 맞는 기분이 ________ (들다). 혹시 서울의 추운 겨울 날씨 때문에 고생하는 사람이 있다면 제주도에 가서 겨울 휴가를 즐기라고 권하고 싶어.

친구와 나는 식물원과 공원을 중심으로 제주도를 여행했어. 물론 바다에 나가서 어선들도 구경하고 싱싱한 회도 먹었지. 시원한 바다 냄새가 코끝을 간지럽히고 발끝에는 고운 모래가 밟혔어. 역시 바다는 겨울에도 ________ (아름답다). 어쩐지 제주도에 ________ (가고 싶다), 나는 바다가 그리웠던 것 같아. '그동안 무얼 하면서 그렇게 바쁘게 ________ (살다)' 하는 생각이 들었어. 가 보니까 정말 겨울에도 여행 온 사람들이 ________ (많다). 너도 바쁘겠지만 잠깐이라도 시간을 내서 바람을 쐬고 오면 좋을 것 같아. 휴식 이후에 더욱 활기가 생기지 않을까?

한국 사람들이 모두 제주도에 한번쯤 가 보라고 하더니 이제야 그 이유를 알 수 있을 것 같아.

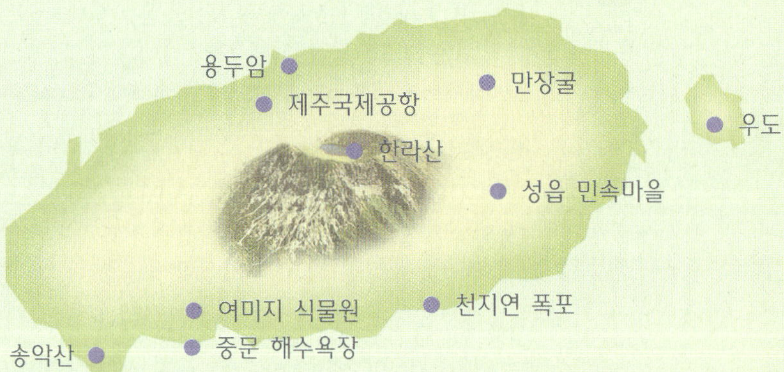

여러분이 한국에 처음 온 계절은 언제입니까? 그때의 느낌은 어땠습니까?

다음 글을 읽고 질문에 답하십시오.

얼음골에 다녀와서

빌리 화이트

삼복더위가 기승을 부리던 지난주에 '얼음골'에 다녀왔다. 얼음골이라는 이름을 들을 때부터 나는 기분이 들떴다. 도시의 한여름은 사람을 몹시 지치게 하기에, 나는 날마다 파김치가 된 몸으로 집에 들어가곤 했다. 얼음처럼 차갑고 시원한 곳이 있다면? 그곳에 가면 더위에 지친 심신이 새로운 활기를 찾을 수 있을 것 같았다.

오랜만에 만난 친구 성호와 함께 밀양으로 출발했다. 밀양까지는 꽤 먼 거리이기 때문에 우리는 이른 아침부터 서둘러야 했다. 밀양으로 가는 길은 즐거움 그 자체였다. 고속도로를 달리며 듣는 음악은 집에서 듣는 것과는 비교도 안 될 만큼 감미로웠다. 여름 아침의 찬란한 햇살을 받은 나무들은 제각기 자신들의 싱싱함을 자랑하며 숲을 이루고 있었다. 가는 도중 들른 휴게소에서 마시던 냉커피 한 잔. 얼음골에 도착하기도 전에 우리의 마음은 이미 시원하고 상쾌해져 있었다.

밀양에 도착한 것은 오후 2시쯤이었다. 우리는 가까운 식당에서 냉면으로 요기를 하고 얼음골로 향했다. 천황산 북쪽 중턱의 높이 600~750m쯤 되는 곳에 다다르니 골짜기 9천여 평이나 되는 얼음골이 나타났다. 계곡 입구에 들어서니 냉장고 속에 들어간 듯 시원한 바람이 우리를 반겼다. 얼음골의 여름 평균 기온은 섭씨 0.2도, 계곡물은 12~14도이다. 시원한 물을 보니 당장이라도 뛰어들고 싶었지만 마음을 가다듬고 발만 담가 보았다. 그러나 물이 너무 차서 10초 이상 발을 담그고 있기 어려웠다. '덥다, 더워!'를 외치고 살아야 하는 한여름에 차가워서 발을 못 담그고 있는 상황을 경험하니 새삼 자연의 섭리가 놀랍다는 생각이 들었다. 얼음골을 그대로 집에 옮겨 놓는다면 얼마나 좋을까? 한곳에 자리를 잡고 앉으니 신선놀음이 부럽지 않았다. 우리는 아무 말도 없이 한동안 그대로 앉아 있었다. 이런 때에는 말이 필요 없다.

얼음골은 사계절의 변화가 뚜렷한 한국의 기후 특성과 달리 예외적으로 특이한 현상을 보이는 곳이다. 삼복더위 때면 얼음이 얼었다가 처서가 지나야 녹으며, 반대로 겨울철에는 계곡물이 얼지 않고 오히려 더운 김이 오른다는 신비한 곳이다. 더위가 심할수록 바위 틈새에 얼음이 더 많이 얼고, 겨울에는 반팔을 입어도 될 정도로 더운 김이 나 '밀양의 신비'라 불린다. 이런 이유로 얼음골은 천연기념물 224호로 지정, 보호되고 있다.

한국의 자연 환경은 사계절의 변화에 적응하면서 유지되어 왔다. 그런데 이러한 계절의 변화와 상관없이 일정한 온도를 유지하는 것이 얼음골의 매력이다. 변화하면서 다채로운 모습을 보이는 한국의 사계도 아름답지만 어떠한 변화에도 아랑곳없이 자신의 모습 그대로를 유지하는 우직한 모습의 얼음골도 아름답다.

여름 더위에 지쳤을 때 한번쯤 찾아가 보는 것도 괜찮을 것 같다. 겨울에는 사랑하는 사람과 함께 간다면 그 따뜻함에 매료될 것이다. 사랑을 약속한 사람과 함께 찾아가서 서로의 변함없는 사랑을 기약하는 것은 어떨까? 더위와 추위, 바람과 비에도 변함없는 사랑을 기약하는 데에는 얼음골보다 더 멋진 장소가 없을 듯하다.

계절이 한 차례 바뀌고 겨울이 되어 따뜻한 것이 그리워질 때 다시 한 번 얼음골에 가고 싶다. 그때는 얼음골이 나를 따뜻하게 맞아 주겠지?

1. 이 글의 주제로 알맞은 것을 고르십시오.

① 한국의 지리 ② 얼음골의 신비

③ 한국의 사계절 ④ 얼음골에서의 사랑의 추억

2. 맞는 것을 모두 고르십시오.

① 빌리는 더위가 한창일 때 얼음골에 다녀왔다.

② 빌리와 성호는 얼음골에 빨리 가고 싶어서 아침 일찍 출발했다.

③ 두 사람은 얼음골에서 1박을 했다.

④ 얼음골은 입구에서부터 아주 시원하였다.

3. 천황산 얼음골이 '밀양의 신비' 라고 불리는 이유는 무엇입니까?

4. 한국의 사계절과 비교하여 얼음골의 매력을 설명해 보십시오.

5. 빌리가 특별히 얼음골에 가 보라고 추천한 대상은 누구입니까?

얼음골에 가고 싶은 계절을 선택하고 그 이유를 말해 봅시다.

우리 반 선생님과 학생들이 함께 얼음골에 갔다고 상상해 봅시다.

1. 사진을 가장 많이 찍을 사람은 누구일까요?

2. 선생님은 어떤 반응을 보이실 것 같습니까?

3. 얼음골에 가서 가장 감탄할 사람은 누구라고 생각합니까? 그 사람은 뭐라고 감탄할까요?

삼복더위 기승을 부리다 들뜨다 파김치가 되다 심신 감미롭다 요기 중턱
다다르다 새삼 섭리 신선놀음 처서 틈새 적응하다 다채롭다 아랑곳없다
우직하다 매료되다 기약하다

된소리되기 1

1. 있을 것 같다, 매료될 것이다, 없을 듯하다, 만날 사람

'-(으)ㄹ' 뒤에 연결되는 'ㄱ, ㄷ, ㅂ, ㅅ, ㅈ'은 된소리로 발음한다.

[읻쓸 껃갇따 / 이쓸 껃갇따], [매료될꺼시다], [업쓸뜯타다 / 업쓸뜨타다], [만날싸람]

2. 심할수록, 할걸, 할지라도

'-(으)ㄹ'로 시작되는 어미도 위와 같이 발음한다.

[심할쑤록], [할껄], [할찌라도]

읽기 2

친구가 여러분 나라를 방문한다면 어떤 관광 상품을 안내해 주고 싶습니까? 그곳에 가면 무엇을 할 수 있는지 이야기해 보십시오.

관광지를 소개하는 안내문입니다. 잘 읽고 질문에 답하십시오.

1

태백산 눈 축제

태백산 눈 축제가 오는 19일부터 27일까지 9일 간 태백산 도립 공원 일대에서 열린다. 올해로 9회째를 맞는 태백산 눈 축제는 오는 19일 길놀이, 개막식, 축하 공연을 시작으로 다양한 볼거리를 제공한다.

우선 관광객 및 등산 동호인을 위한 태백산 등반 대회가 오는 20일 당골 광장 ~ 반재 ~ 천제단 ~ 문수봉 ~ 제당골 ~ 당골 광장으로 이어지는 코스로 진행된다. 참가자들은 환상적인 설경을 감상할 수 있을 뿐 아니라 새해 소망 빌기, 눈썰매 타기, 석탄 박물관 무료 관람, 한우 숯불구이와 한방 백숙 맛보기 등을 즐길 수 있다.

눈 조각 경연 대회는 국내외 일반인이 참가한 가운데 오는 12일부터 태백산 눈 축제 개막일인 19일까지 열린다. 이 대회에서는 국내외의 독특한 문화를 주제로 한 작품을 감상할 수 있을 뿐 아니라 멋진 사진도 촬영할 수 있다.

이 밖에 눈 위에서 즐기는 미니 축구 대회가 오는 26일부터 27일까지 황지 초등학교에서 열린다.

2

온천욕

경북 울진군 덕구 온천에 찾아가 온천욕을 즐기며 무병장수를 기원해 보는 것은 어떨까. 덕구 온천은 수돗물을 쓰는 다른 사우나와는 달리 천연 온천수를 쓰고 있어서 건강에 아주 좋다. 특히 신경통과 피부염을 치료할 뿐만 아니라 등산이나 운동 후 근육 피로를 푸는 데에 효과적이다.

덕구 온천과 관련된 재미있는 이야기가 있다. 고려 말에 어떤 사냥꾼이 멧돼지를 쫓아가 활을 쏘아 맞췄다. 그런데 상처를 입고 도망가던 멧돼지가 계곡물에 몸을 씻더니 쏜살같이 다시 달아나기 시작하는 것이었다. 신기하게 생각한 사냥꾼이 뒤따라 가 보니 그 자리에 온천수가 솟아나고 있었다. 그 온천수가 덕구 온천의 물이라는 것이다.

덕구리에는 토종닭 백숙과 칼국수 등을 파는 음식점이 많고 주변 항구에는 울진 대게를 비롯해 싱싱한 해산물이 즐비하다.

3

해가 서쪽에서 뜬다?

서해안에서도 수평선 위로 떠오르는 해를 감상할 수 있는 곳들이 있다. 충남 당진의 왜목마을과 서천의 마량포구는 일출, 일몰을 다 볼 수 있는 곳으로 알려져 있다. 마량포구 방파제에서 동남쪽 바다를 바라보면 쌍도, 할미섬, 아목섬이 아련하게 보이고 그 사이에서 검붉은 해가 수평선 위로

떠오른다. 이처럼 일출을 볼 수 있는 것은 바다를 남북으로 길게 가로지른 특이한 지형 구조 때문이다. 동해안 해돋이를 보러 가려면 대여섯 시간이 걸리는 데 비해 왜목마을까지는 서울에서 1시간 30분이면 족하다.

올 해돋이 축제(일몰 17:25 일출 07:48)는 오는 31일 오후 네 시 반에 시작된다. 이번 행사는 길놀이, 해돋이 사물놀이, 특산물 판매장, 활어 장터 및 향토 음식점, 모닥불 축제 등으로 꾸며진다.

1. 다음 중 맞는 것을 고르십시오.
   ① 눈 축제는 올해 처음으로 열린다.
   ② 눈 축제의 마지막 순서는 태백산 등반 대회이다.
   ③ 눈 조각 경연 대회는 일반인들도 참가할 수 있다.
   ④ 눈 조각 경연 대회는 19일부터 시작한다.

2. 덕구 온천의 물이 특별히 건강에 좋은 이유는 무엇입니까?

3. 다음 중 맞는 것을 모두 고르십시오.
   ① 서해안에서는 정말 해가 서쪽에서 뜬다.
   ② 서해안에서 일출과 일몰을 동시에 감상할 수 있는 곳이 있다.
   ③ 서해안에서 일출을 볼 수 있는 것은 특이한 지형 구조 때문이다.
   ④ 해돋이 축제는 자정부터 시작된다.

4. 자신이 가고 싶은 관광지를 선택하고 그곳에서 할 수 있는 것들을 요약해서 설명하십시오.

위의 안내문을 읽고 다음의 각 상황에 맞는 여행지를 선택하십시오. 선택한 이유를 간단히 이야기해 보십시오.

- 초등학교에 다니는 조카들과 함께
- 30주년 결혼 기념일을 맞으신 아버님과 어머님을 모시고
- 한 해의 마지막 날 연인과 함께

짝활동 위 관광지 중 한 곳을 다녀왔다고 가정하고 회상 표현을 사용하여 여행 경험을 이야기해 보십시오.

일대 길놀이 광장 코스 환상적 설경 한우 한방 백숙 미니 무병장수
피부염 멧돼지 쏜살같이 토종닭 항구 대게 즐비하다 수평선 일몰 방파제
아련하다 가로지르다 지형 족하다 특산물 활어 향토 모닥불

쓰 기

- 묘사하는 문단 쓰기
- 설명하는 문단 쓰기
- 여행지 소개하는 글 쓰기

1 다음 중 하나를 선택하여 묘사하는 문단을 써 봅시다.

〈보기〉 기차 안 : 기차 안의 공기는 탁하고 무더웠다. 기차가 출발한 지 세 시간이 지나자 사람들은 대부분 지루해 보였다. 차 안에는 과자 껍질과 신문지가 뒹굴고 있었다. 차창 밖으로 펼쳐지는 풍경도 더 이상 새로울 것이 없었다. 천장에는 오래된 선풍기만이 무료하게 돌아가고 있었다. 칭얼대는 아이를 달래는 젊은 엄마의 신경질 섞인 목소리가 간혹 들려왔다.

- 시외버스 대합실
- 고속버스 휴게소
- 산이나 강
- 여관이나 호텔
- 여행사 사무실

2 자신이 가 본 여행지에 대하여 설명하는 글을 써 봅시다. 다음 중 하나를 선택하여 쓰십시오.

〈보기〉 교통편 : 제주도에 가는 교통편은 다양하지 않다. 한국의 내륙 지방을 여행할 때에는 승용차나 기차, 버스 등을 이용하는 것이 보통이다. 그러나 제주도는 섬이라는 특수성 때문에 바다를 건너지 않으면 안 된다. 또한, 한국의 남단에 위치하여 거리가 멀기 때문에 대부분 비행기를 이용하게 된다. 그러나 시간이 많고 새로운 경험을 하고 싶은 경우에는 기차나 버스를 이용하여 부산이나 목포까지 가서 배를 이용하는 경우도 있다.

- 전체적인 인상
- 교통편
- 그곳의 특징
- 음식
- 숙박
- 가장 기억에 남는 것

3 위의 내용을 바탕으로 '아름다운 여행, 즐거운 추억'이라는 주제로 글을 써 봅시다.

- 제목 :
- 각 문단의 주제어 : ①
  - ②
  - ③
  - ④
  - ⑤

말하기

- 주어진 단어를 활용하여 이야기하기
- 인터넷에서 여행지 정보 찾기
- 여행 계획 짜기

짝활동 다음 단어를 이용하여 한국의 기후와 기상 현상에 대해서 이야기해 봅시다.

불쾌지수　산성비　삼한 사온　꽃샘추위　온대 기후　장마　태풍　평균 기온

모둠활동 네 사람이 함께 여행을 떠나고자 합니다. 각자 역할을 정한 후 의논하여 여행 계획을 짜 보십시오.

이름	원하는 여행
정은	편안한 숙박 시설. 한국의 전통적인 음식을 맛보고 싶다.
왕영	볼거리가 다양한 곳. 첨단 문화를 느낄 수 있는 곳. 사람들이 잘 모르는 곳
나오코	전통 문화를 체험하고 싶다. 가격이 저렴하다면 더욱 좋겠다.
빌리	많은 사람을 만날 수 있는 곳. 한국 사람들과 다양한 대화를 시도해 보고 싶다.

- 여행지
- 준비물
- 교통편
- 숙 박
- 경 비

표현
- **의견을 조율할 때**

일단 서로 생각이 일치하는 것부터 이야기해 봅시다.
그러면 이렇게 하는 건 어떨까요?

모둠활동 인터넷을 활용하여 위에서 정한 여행지의 정보를 찾아봅시다. 여러분의 의견과 가장 잘 맞는 여행 상품이 있습니까? 여행 상품을 선택하고 그 상품을 최대한 즐길 수 있는 구체적인 방법을 논의하십시오.

① 검색된 구체적인 정보를 이야기하십시오.

② 여행을 최대한 즐기기 위해서 구체적인 계획을 짜 봅시다.

제7과 과학과 기술

- 주제 : 발명, 정보 통신, 전통 속설, 뇌
  미래 과학
- 문법 / 표현 : 추측 표현, 화제를 바꿀 때

도 입

최근에 관심 있게 본 과학 뉴스는 어떤 것입니까?

□ 인체	□ 기상	□ 발명품	□ 지질
□ 기술	□ 동 · 식물	□ 정보 통신	□ 로봇

앞으로 10년 후 다음 제품들은 어떻게 변화할까요? 상상하여 이야기해 봅시다.

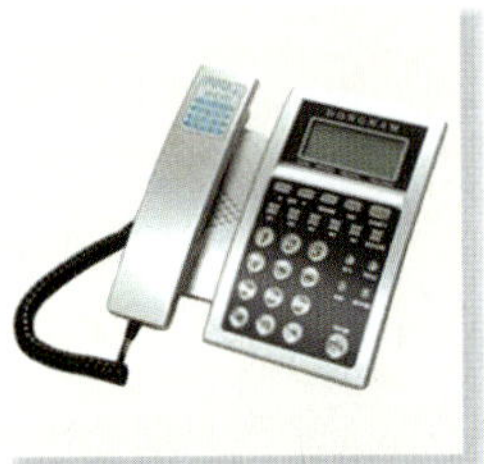

자동판매기를 지금보다 더 편리하게 만들려면 무엇을 새롭게 해야 할까요? 상상하여 이야기해 봅시다.

듣기 1

인류의 삶을 풍요롭게 해 준 발견과 발명에는 어떤 것이 있는지 이야기해 봅시다.

〈보기〉　발견 : '불' 의 발견　　발명 : '전구' 의 발명

만일 여러분이 발명가라면 무엇을 만들고 싶은지 이야기해 보십시오.

잘 듣고 질문에 답하십시오.

1. 들은 내용과 같은 것을 고르십시오.
   ① 두 사람은 음성 인식 자동판매기 앞에서 이야기하고 있다.
   ② 두 사람은 공동으로 발명할 계획을 세우고 있다.
   ③ 최초의 자동판매기는 동전의 무게를 이용하는 것이었다.
   ④ 최초의 자동판매기는 의약품을 파는 것이었다.

2. 빌리가 만들고 싶어하는 것은 무엇입니까?
   ① 손쉽게 만들 수 있는 발명품　② 간단한 치료를 위해 필요한 의약품
   ③ 집안일을 할 때 사용하는 물건　④ 사람의 음성을 인식하는 기계

3. 최초의 밴드는 어떻게 만들어졌다고 합니까? 들은 내용을 이야기해 보십시오.

4. 들은 것을 바탕으로 다음 내용을 완성해 보십시오.

   '발명' 이란 ______________________ 것이다.

아래의 단어에 대해 〈보기〉와 같이 멋진 정의를 내려 봅시다.

'우정' 이란 친구의 기쁨을 두 배로 기뻐하고 친구의 고통을 나누어 가지는 마음이다.

- 행복 ______________________
- 사랑 ______________________

• -(이)란

주로 단어의 뜻을 정의할 때 쓰는 조사. '-(이)라고 하는 것은' 의 뜻을 나타낸다.
예술이란 아름다운 창작 활동이다.
발견이란 세상에 알려지지 않은 것을 처음으로 찾아내는 것을 말한다.

• -기란

동사에 붙어서 '어떤 일을 하는 것은' 의 뜻을 나타낸다. 뒤에는 '어렵다, 힘들다' 등의 서술어가 주로 쓰인다.
다른 사람을 돕기란 그렇게 쉬운 일이 아닙니다.
요즘 같은 불황에 마음에 드는 취직자리를 구하기란 매우 힘든 일이지요.

대화

빌리 : 한수 씨, 최초의 자동판매기가 언제 만들어졌는지 아세요?

한수 : 글쎄요, 잘 모르겠는데요.

빌리 : 2천 년 전에 이미 이집트에 성수 자동판매기가 있었대요. 동전을 넣으면 그 무게에 의해 마개가 열리면서 물이 나오는 원리라나요? 참 대단하지요?

한수 : 재미있네요. 하긴 이집트에서는 사원에 들어갈 때마다 성수가 필요했을 테니까 그런 게 나올 수도 있었겠군요. 발명이란 필요에 의해서 생겨나는 거니까요.

빌리 : 요즘에는 별의별 자동판매기가 다 있잖아요.

한수 : 이제 원하는 물건을 말하면 바로 나오는 음성 인식 자동판매기도 나올걸요?

빌리 : 발명가야말로 제가 어렸을 때부터 꿈꾸던 직업인데 저는 뭘 만들어 본 적이 없어요. 거창한 것 말고 제가 뭐 쉽게 만들 수 있는 건 없을까요?

한수 : 왜 없겠어요? 찾아보면 우리 생활 속에 얼마나 많은 발명거리가 있는데요. 아, 이 밴드도 그래요. 손가락을 베었을 때에 붙이는 이 밴드가 어떻게 만들어졌는지 아세요?

빌리 : 제약 회사에서 만들었겠지요.

한수 : 물론 상업화한 건 제약 회사지만 처음 발상을 한 사람은 평범한 젊은 남자였대요.

빌리 : 뭔가 재미있는 이야기가 숨어 있을 것 같은데요?

한수 : 이 남자가 신혼이었을 때 아내가 요리하다가 다치는 일이 많았나 봐요. 아내가 손을 베거나 불에 델 때마다 치료가 필요했죠. 처음엔 아내가 다칠 때마다 남편이 붕대와 반창고로 치료해 주었지만, 아내 혼자 있을 때에 다치면 어떡하나 하고 걱정이 된 거예요. 혼자서도 처치할 수 있도록 일정한 크기의 밴드를 만든 거래요.

빌리 : 정말 발명이란 간절한 필요에 의해서 나오는 거군요. 아, 나도 아내만 있으면 뭐든지 만들 수 있는데 …….

한수 : 뭐라고요?

여러분이 알고 있는 재미있는 발명품을 소재로 하여 대화를 만들어 봅시다.

성수　마개　원리　사원　별의별　인식　거창하다　제약 회사　상업화하다　발상
데다　붕대　반창고　처치하다　간절하다

듣기 2

여러분은 어떤 종류의 사이트를 즐겨 찾습니까? 자주 찾는 사이트에 ○표 하십시오.

쇼핑	복권	금융 정보	부동산
여행	만화	게임	메일
문학	영화	음식	뉴스
스포츠	학습	사전	카드

여러분이 가장 즐겨 찾는 홈페이지는 무엇입니까? 다음 항목에 메모하십시오.

홈페이지 이름 :

- 주소 :
- 운영자 (단체 / 개인) :
- 내용 :
- 디자인의 특징(색상, 화면 구성) :
- 주요 방문자 :
- 장점 :

잘 듣고 질문에 답하십시오.

1. 어떤 홈페이지에 대한 소개입니까?

2. 들은 내용과 같은 것을 고르십시오.
   ① 농사에 대한 정보를 공유하기 위한 홈페이지이다.
   ② 장과 김치, 떡 등을 인터넷으로 주문할 수 있다.
   ③ 전통 의상, 식생활, 주거 생활에 대한 안내 사이트이다.
   ④ 한국 고유의 음식 만드는 법을 배울 수 있다.

3. 홈페이지 관리자는 앞으로 어떤 정보를 추가할 계획이라고 합니까? 다음 빈칸에 들어갈 내용을 쓰십시오.

앞으로 홈페이지의 자유 게시판을 통해 __________ 에 대한 정보를 제공할 계획이며, __________ 에 대한 정보를 제공 받아 정리할 계획도 가지고 있습니다.

모둠 활동 앞에서 메모한 홈페이지에 대해 간단히 소개하십시오. 가장 반응이 좋은 홈페이지를 정한 후 이를 소개하는 뉴스를 공동으로 만들어 보십시오. 다음 항목에 대하여 각자 한 가지씩 이야기하십시오.

① 홈페이지 이름, 제작자, 제작 의도
② 홈페이지에서 다루는 내용
③ 홈페이지에서 가장 자랑할 만한 내용
④ 앞으로 보완할 점

문 법

1 밑줄 친 부분과 바꿔 쓸 수 있는 표현을 이야기해 보십시오.

〈아침 8:00〉 아침에 눈을 떠 보니 하늘이 조금 흐려 있다. 이런 날이면 할머니는 어김없이 "어휴, 팔다리가 쑤시는 걸 보니 오늘 비가 오려나 보다."라고 말씀하신다. 인터넷으로 날씨를 검색해 보니 오늘 오후에 비가 올 확률이 30%라고 한다. 우산을 가지고 가야 하나 말아야 하나? 치마를 입고 갈까, 바지를 입고 갈까?

〈오후 12:00〉 소나기가 내린다. 역시 할머니 말씀 듣기를 잘했다. 우산을 꺼내 들고 점심을 먹으러 나갔다. 옆 부서의 김진호 씨는 난처한 얼굴로 창밖을 보고 있다. 우산을 안 가지고 온 모양이다. 김진호 씨도 점심을 먹어야 할 테니 우산을 같이 쓰자고 말을 걸어 볼까?

〈오후 5:00〉 계속 비가 내려서 퇴근길에도 김진호 씨와 같이 우산을 썼으면 좋겠다. 아니! 그런데 이게 웬일인가? 빗줄기가 가늘어졌다. 하늘을 보니 곧 비가 그칠 듯하다. 아까처럼 김진호 씨에게 자연스럽게 말을 걸어 볼 기회는 이제 다시 없을 듯싶은데 섭섭해서 어쩌지?

• **-(으)려나 보다**

어떤 사실을 바탕으로 다른 사람의 의도를 짐작하여 말할 때, 또는 자연현상을 예견할 때 쓴다.

빌리 씨가 회사를 옮기려나 봐요. 경력 증명서를 떼어 가던걸요?

김 선생님께서 제게 외국인들이 자주 찾는 홈페이지에 대해 물어보셨어요. 선생님께서 외국 학생들을 위한 홈페이지를 만드시려나 봐요.

먹구름이 잔뜩 낀 걸 보니 또 비가 오려나 보다.

2 다음 상황을 지켜본 후 어떤 추측을 할 수 있습니까? '-(으)려나 보다'를 사용하여 이야기해 보십시오.

1. 나오코가 한국 대학원 중에서 국제 관계 전공의 박사 과정이 있는 곳에 대해 인터넷으로 정보를 찾아보고 있다.
2. 파키스탄에서 전자 회사에 다니는 모하메드가 빌리에게 편지를 보냈다. 한국의 휴대폰 회사, 새로운 휴대폰 방식, 가격 등에 대해 이것저것 물어보는 내용이었다.
3. 왕영은 다이어트를 한다고 밥을 굶을 때가 종종 있다. 오늘 점심에 같이 밥을 먹자고 했는데 약속이 있다면서 먼저 나가 버렸다.
4. 여름 날씨 같지 않게 갑자기 바람이 강하게 불어온다. 집 앞의 나무가 흔들릴 정도이다.

- **-(으)ㄴ/는/(으)ㄹ 듯하다**

'-는 것 같다', '-는 것으로 추측되다'의 뜻을 갖는다.
빌리 씨에게 부탁하려다가 피곤한 듯해서 이야기하지 않았어요.
앞에서 발표할 때 다른 사람이 수군거리면 비웃는 듯해서 기분이 나쁩니다.
어디선가 많이 본 듯한 얼굴인데요. 혹시 저 모르세요?
구름이 잔뜩 낀 걸 보니까 오늘 비가 올 듯하다.

- **-(으)ㄴ/는/(으)ㄹ 듯싶다**

'-는 것으로 생각되다'의 뜻을 나타낸다. 추측의 내용이 말하는 사람의 주관적인 판단임을 나타낸다.
제 생각에 우리 형편에 그런 큰 차를 사는 건 무리인 듯싶어요.
요즘 위장이 나빠진 듯싶어. 속이 쓰려서 밥을 못 먹겠어.
네가 우리 팀에 합류하면 이번 경기에서 좋은 성적을 낼 수 있을 듯싶다.

3 다음 내용을 바탕으로 결론에 해당하는 내용을 추측해 보십시오.

1

성인 24명을 대상으로 수면과 기억력의 관계에 대한 실험을 했다. 먼저 이들에게 수평으로 줄이 쳐진 화면에 6분의 1초 동안 나타나는 사선 막대 3개가 어느 방향을 가리키고 있는지 확인하는 연습을 시켰다. 연습한 첫날 밤 12명은 잠을 자게 하고 나머지 12명은 두 번째 연습 시간까지 잠을 자지 못하게 했다. 두 번째 연습 후에는 두 그룹 모두 자게 한 뒤 4일째 되는 날에 테스트를 실시했다. 그 결과 첫날 밤에 잠을 잔 그룹은 첫날 테스트 때보다 훨씬 성적이 좋게 나타났지만 자지 않은 그룹은 성적이 좋아지지 않았다.

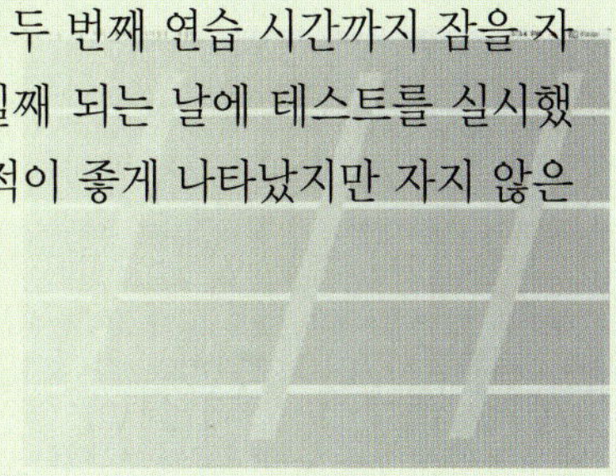

추측의 내용

2

낮잠은 업무 능률을 35% 향상시키며 올바른 결정을 내릴 수 있는 능력을 50% 개선시킨다고 한다. 그러나 낮잠 시간이 45분을 넘어가면 숙면이 시작되어 잠을 깼을 때 어지러움을 느낄 위험이 있다고 한다. 또, 하루 일과 중 긴장하는 시간과 긴장이 풀리는 시간을 관찰한 결과, 보통 사람들은 오후 3시부터 5시까지 긴장이 풀리고 오전 9 ~ 11시, 오후 9 ~ 11시에 가장 긴장하는 것으로 나타났다.

그렇다면 장기간의 임무를 수행하는 우주 비행사는 비행 중 낮잠을 자는 것이 좋을까 안 좋을까? 낮잠을 잔다면 언제, 얼마 동안 자는 것이 좋을까?

추측의 내용

읽기 1

다음은 옛날부터 전해 오는 속설 또는 속담입니다. 이것들은 과학적인 근거가 있는 이야기일까요? 여러분의 생각을 이야기해 보십시오.

- 가루눈이 오면 춥고, 함박눈이 오면 포근하다.
- 눈이 오면 강아지가 제일 좋아한다.
- 엄마 손은 약손이다.
- 콩 심은 데 콩 나고, 팥 심은 데 팥 난다.

다음 글을 읽고 질문에 답하십시오.

옛말의 과학성

1 어느 나라에나 자연현상을 소재로 한 속설이나 속담이 있게 마련이다. 그리고 속설이 입에서 입으로 오랫동안 전해져 오는 걸 보면, 꽤 잘 들어맞았던 모양이다. 현대의 과학자들은 속설이나 속담의 과학성에 대해 뭐라고 이야기할까?

2 날씨와 관련된 속설부터 이야기해 보자. 예로부터 '가루눈이 오면 춥고, 함박눈이 오면 포근하다'고 하는데 이는 과학적으로 타당한 말이다. 가루눈은 한랭한 공기에서 만들어지므로 눈이 온 다음 더 추워지는 반면, 함박눈은 기온이 상대적으로 높은 공기에서 만들어지므로 눈이 온 후에 포근해진다. 또한, 함박눈이 내리는 밤에는 대기가 안정되어 있기 때문에 바람이 거세게 부는 일이 없어서 더 따뜻하게 느껴진다.

'눈' 하면 생각나는 이야기가 하나 더 있다. 동물 중에서 눈을 가장 좋아하는 동물은 강아지라는 것이다. 강아지들은 눈이 오면 팔짝팔짝 뛰면서 어쩔 줄 몰라 한다. 그러나 강아지가 환호하는 것은 눈이 좋아서라기보다 눈이 올 때의 세상 풍경이 신기하기 때문이라는 설이 있다. 본래 개의 눈은 색맹에 가까워서 개들의 눈에는 온 세상이 검은색과 흰색의 흑백 사진처럼 보인다고 한다. 그 대신에 이들은 사물의 움직임에 대단히 민감해서 새하얀 눈송이가 마구 흩날리는 것을 매우 자극적인 풍경으로 받아들인다는 것이다. 눈 오는 날 개들이 팔짝팔짝 날뛰는 것은 바로 이 생소한 풍경 때문이라는 주장이 그럴 듯해 보인다.

3 한국인이라면 듣기만 해도 마음이 따뜻해지는 말이 있다. 아이가 앙앙 울며 배가 아프다고 하면 어머니가 아이의 배를 문지르며 하는 말, '엄마 손은 약손' 이 그것이다. 간혹 어머니의 치료를 받아 아이의 배가 씻은 듯이 낫는 경우도 있다. 좋은 상비약이 많은 요즘도 '엄마 손은 약손' 의 처방은 여전히 효과가 있는 듯하다. 이런 엄마 손의 치료 효과는 여러 가지 면에서 근거가 있다.

약손을 통해서 나을 것이라는 믿음 때문에 고통이 사라질 수 있다. 또, 엄마가 손으로 배를 따뜻하게 해 주어 배가 안정될 수도 있다. 배가 차가운 상태에서는 소화 기능이 떨어지므로 배에 온기를 전해 주면 배앓이가 치료되기도 하는 것이다. 배를 문질러 주면 내장이 자극되어 장 운동이 활발해지고 배앓이가 사라진다는 의견도 있다. 실제로 한의학에서는 위와 장이 약한 사람에게 배 부위를 둥글게 마사지하는 운동을 권하기도 한다.

4 유전의 법칙을 말해 주는 '콩 심은 데 콩 나고, 팥 심은 데 팥 난다.' 라는 속담은 너무나 당연해서 과학성을 따질 필요도 없어 보인다. 그러나 이 당연한 유전의 법칙도 현대 과학 기술의 발달로 좀 흔들리게 된 듯하다. 생명 공학의 눈부신 발전으로 콩을 심어도 콩이 안 나고 팥을 심어도 팥이 안 나며, 또 콩만 심었는데 다른 것도 같이 열리는 시대가 되었기 때문이다. 지금 우리가 먹는 수입 콩 중에는 DNA가 조작된 콩이 많다고 한다. 또, 무르지 않는 토마토, 엄청난 단맛을 내는 딸기도 생산된다. 이제 줄기에는 토마토가, 뿌리에는 감자가 열리는 작물도 등장할 것이다. 생명 공학의 발전은 '콩 심은 데 콩 나고, 팥 심은 데 팥 난다.' 는 유전의 법칙을 차츰 변화시키고 있다.

5 과학은 자연 현상에 숨어 있는 사실을 발견하고 특정한 현상의 원인을 밝히면서 발전해 왔다. 과학의 발전 덕분에 속설의 타당성을 인정하게 되기도 하고, 당연하다고 생각해 왔던 것에 대해 부정하게 되기도 한다. 물론 과학은 끊임없이 발전하는 것이므로 현재 우리가 믿고 있는 것을 전적으로 타당하다고 볼 수는 없다. '엄마 손은 약손' 과 같은 민간 의술 행위에 대해서 위험한 행위라고 비판하는 사람도 있다. 일시적인 진정 효과 때문에 근본적인 치료를 하지 못할 수도 있다는 것이다. 그러나 어쨌든 과학의 발달은 속설의 타당성을 증명하거나 부정하는 데에 결정적인 역할을 한다. 하루가 다르게 과학이 발전하는 시대에도 꿋꿋이 전해지는 속설의 과학성을 검증하는 것은 즐거운 일이다.

1. 이 글에서 아래의 속설 또는 속담과 관련을 지은 학문은 각각 무엇입니까?

〈보기〉 경영학 생명 공학 사회학 의학 심리학 기상학 민속학 인류학

- 가루눈이 오면 춥고, 함박눈이 오면 포근하다.
- 엄마 손은 약손이다.
- 콩 심은 데 콩 나고, 팥 심은 데 팥 난다.

2. '가루눈이 오면 춥고, 함박눈이 오면 포근하다.' 는 말이 과학적으로 타당한 근거는 무엇입니까?

3. 글쓴이는 눈이 오면 강아지들이 좋아서 팔짝팔짝 뛰는 이유에 대해서 뭐라고 말했습니까?

4. '엄마 손은 약손' 이라는 민간 의술 행위의 긍정적인 면과 부정적인 면을 찾아 이야기해 보십시오.

5. '콩 심은 데 콩 나고, 팥 심은 데 팥 난다.' 는 속담이 과학적으로 부정될 수 있는 근거는 무엇입니까?

여러분 나라에서 기상 변화를 예견하는 속설이 있으면 이야기해 보십시오.

여러분 나라의 민간 치료 요법 중 '엄마 손은 약손' 처럼 특정한 내용을 말하면서 치료하는 것이 있으면 이야기해 보십시오.

• -(으)ㄴ/는 반면(에)

그 회사는 월급이 많은 반면 근무 시간이 길고 출장이 잦다는 단점이 있다.

최근 몇 년 동안 컴퓨터 하드웨어의 가격은 계속 떨어지는 반면 소프트웨어의 가격은 크게 오르고 있다.

백화점의 매출은 줄어든 반면에 대형 할인점의 매출은 크게 늘어났다고 한다.

들어맞다 한랭하다 대기 거세다 환호하다 색맹 흑백 민감하다 날뛰다
생소하다 상비약 처방 온기 배앓이 내장 부위 마사지 유전 생명 공학
눈부시다 조작하다 무르다 특정하다 전적 의술 꾸꾸이 검증하다

비음화

1. 함박눈, 색맹, 작물, 옛말, 밥맛

'ㄱ, ㄷ, ㅂ'은 'ㄴ, ㅁ' 앞에서 [ㅇ, ㄴ, ㅁ]으로 발음한다.

[함방눈], [생맹], [장물], [옌말], [밤맏]

2. 팔 난다, 국 마시다, 책 넣는다

두 단어를 이어서 한 마디로 발음하는 경우에도 1과 같이 발음한다.

[판난다], [궁마시다], [챙넌는다]

3. 협력, 막론, 백 리, 십 리

'ㄱ, ㅂ' 받침 뒤에서 'ㄹ'은 [ㄴ]으로 발음한다.

[협녁 → 혐녁], [막논 → 망논], [백니 → 뱅니], [십니 → 심니]

읽기 2

인류는 오래 전부터 두뇌의 발달에 관심이 많았습니다. 두뇌와 관련된 다음 사항에 대해 이야기해 보십시오.

- 나이가 들면서 기억력이 나빠진다고 생각해 본 적이 있습니까?
- 외국어를 몇 세쯤에 배우는 게 가장 효과적이라고 생각합니까?
- 치매를 예방하려면 어떻게 하는 것이 좋다고 합니까?

다음 글을 읽고 질문에 답하십시오.

인간의 뇌

인간의 뇌는 몇 세까지 발달할까? 외국어는 언제쯤 배우는 게 좋을까? 과학의 발전과 더불어 속속 밝혀지고 있는 뇌의 신비를 소개한다.

갓 태어난 아기를 10여 년 동안 혼자 밀실에 가두어 키우면, 아이가 15세쯤 되었을 때 세상에 나와 사람들과 어울려도 말을 거의 배우지 못한다. 오리는 알에서 깨어날 때 가장 먼저 보는 동물을 어미로 생각한다. 사람이 그때 두어 시간만 같이 있으면 진짜 어미 오리가 와도 몰라보고 그 사람을 어미로 알고 계속 따라다닌다.

밀실에 갇힌 아이가 말을 못하는 것은 12세쯤에 언어 능력과 관련된 뇌의 영역이 굳어져 말하는 능력을 거의 잃어버리기 때문이다. 오리가 사람을 어미로 아는 것도 마찬가지이다. 태어난 지 불과 두서너 시간만에 '어미 = 사람'으로 뇌에 새겨진 채 더 이상 새롭게 바뀌지 않는다. 이렇게 경험으로만 알아 오던 뇌의 신비가 과학의 발전을 통하여 하나씩 밝혀지고 있다.

1990년대 들어 급속히 발전한 과학 덕분에 뇌가 굳어지는 현상을 비롯해 어떻게 사물을 알아내는지 등 뇌의 기능을 밝히는 연구가 활발해지고 있다. 사람을 포함한 동물의 뇌 신경 세포는 태어난 이후로는 더 이상 늘어나지 않으며, 한번 다치면 다시 살아나지 않는다. 또, 뇌의 기능은 태아 때부터 계속 발달되다 어느 순간에 신경 세포가 굳어지기 시작해 새로운 지식을 점점 받아들이기 어렵게 된다. 사람은 태어난 뒤 대략 12세까지, 원숭이는 1~2년, 고양이는 4~12주, 오리와 닭은 3~4시간 정도까지 뇌가 발달한다고 한다. 사람의 뇌에서 언어와 관련된 부분은 12세 정도에 성장이 멈추므로 외국어는 그 이전에 배워야 효과가 크다는 주장도 있다.

최근에는 눈으로 보는 영상을 처리하는 뇌, 즉 머리의 뒷부분에 사람의 얼굴을 볼 때에만 활동하는 부분, 움직이는 동작만 알아보는 부분 등 25곳이 별도로 있다는 사실이 밝혀지기도 했다. 쉽게 말하자면 사물을 따로따로 알아본다는 것이다. 기억 형성에 관여하는 단백질이 있다는 사실도 새롭게 밝혀졌다. 기억 능력을 인위적으로 조절하는 시대도 이제 멀지 않았다.

뇌 과학자들은 사람의 의식이나 행동, 느낌이 어떻게 뇌에 전달되고 어떤 형태로 기억되는지 등을 밝히는 연구를 활발히 진행하고 있다. 머지않아 공상 과학 영화에서 볼 수 있었던 생각하는 로봇, 사람의 뇌를 흉내 낸 인공 뇌가 탄생할지도 모른다.

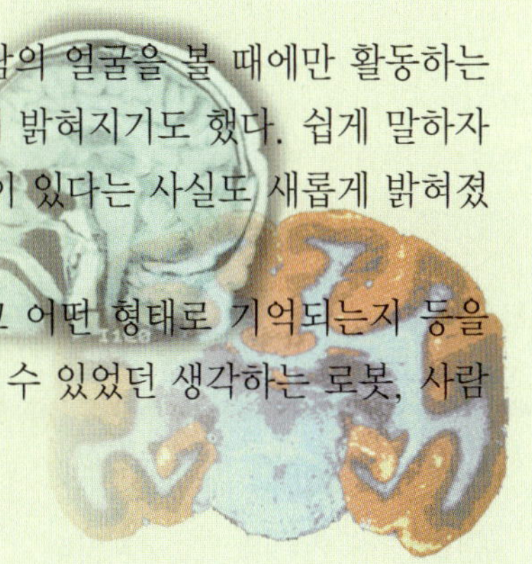

1. 이 글은 뇌 과학의 발전에 대해 어떤 태도를 가지고 있습니까?

① 긍정적인 태도
② 보수적인 태도
③ 우려하는 태도
④ 부정적인 태도

2. 오리가 알에서 깨어나자마자 두서너 시간 같이 있었던 사람을 어미로 생각하는 이유는 무엇입니까?

3. 외국어 조기 교육을 주장하는 사람들이 근거로 삼는 내용을 이 글에서 찾아보십시오.

4. 글쓴이가 미래에는 인간의 기억 능력을 조절할 수 있을 것이라고 전망하는 근거는 무엇입니까?

여러분은 미래에 인간과 동일한 사고 능력을 가진 로봇이 탄생할 거라고 생각합니까? 자유롭게 이야기해 보십시오.

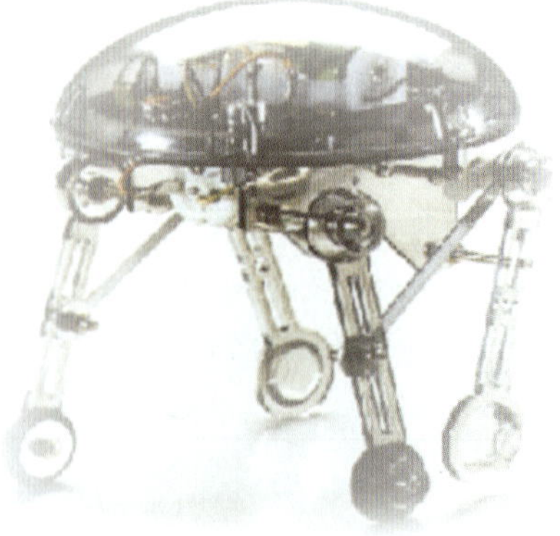

뇌 갓 밀실 가두다 불과 새겨지다 신경 세포 태아 별도 관여하다 인위적 머지않다 공상 흉내

쓰 기

- 홈페이지 설계하기
- 발표 들으며 메모하기
- 홈페이지 소개하는 글 쓰기

모둠 활동 〈듣기 2〉에서 홈페이지를 소개하는 뉴스를 만들었습니다. 이번에는 여러분이 직접 홈페이지를 설계해 보십시오. 다음 과정에 따라 준비를 해 봅시다.

- 준비물 : 백지, 연필
- 주의 사항 : 다른 사람의 말을 중간에 끊거나 비판하지 마십시오.
  창의적인 아이디어에 대해 칭찬을 하십시오.
  되도록 많은 아이디어를 쓰십시오.

1. 홈페이지의 주제를 정하십시오.

2. 홈페이지에 자주 방문할 대상의 연령층, 나이, 성별 기준에 대하여 정하십시오.
   (모든 사람을 주요 대상으로 한다면 다음 항목으로 넘어가도 좋습니다.)

3. 홈페이지에서 다룰 내용을 정하십시오.

4. 홈페이지에서 가장 중요하게 다룰 내용을 정하십시오.

5. '게시판', '방명록' 등 홈페이지에 필요한 작은 방의 이름을 정하십시오.

6. 홈페이지가 사회 · 문화적으로 어떻게 기여할 것인지 이야기하십시오.

7. 홈페이지의 이름을 정하십시오.

위의 내용을 바탕으로 하여 홈페이지 계획안을 발표하십시오. 다른 사람들은 잘 듣고 새로운 홈페이지의 장점과 부족한 점에 대해 이야기해 주십시오.

홈페이지 이름	종류	장점	부족한 점	기타

이제 여러분의 홈페이지 제작 계획을 실행에 옮겨 봅시다. 홈페이지 첫 화면에는 홈페이지 소개의 글이 실릴 겁니다. 방문자들이 호기심을 갖고 다시 방문할 수 있도록 멋지게 홈페이지를 소개하는 글을 써 보십시오.

말하기

- 예측하여 말하기
- 로봇에 대해 의견 말하기

모둠활동 과학의 발전으로 앞으로 30년 후 변화할 것과 변화하지 않을 것을 구별해 보십시오.

- 가족 관계
- 종이로 만든 사전
- 식사의 방식
- 노화
- 컴퓨터
- 텔레비전
- 교실 수업
- 직장 생활
- 인구
- 지폐
- 자전거
- 자동차

항목마다 자신의 의견과 이에 대한 근거를 이야기하십시오.

〈보기〉 저는 교실 수업이 지금과 아주 많이 달라질 듯 싶어요. 학생들이 학교에 가지 않고 원하는 곳에서 화상 수업을 받게 될 거예요. 서로 이야기도 할 수 있고 기록을 남겨서 나중에 다시 볼 수도 있겠죠. 지금도 이미 사이버 대학이 늘어나는 걸 보면 사이버 수업의 기술은 앞으로 훨씬 더 발전하게 될 것 같아요.

표현

- **화제를 바꿀 때**

그러면 이번에는 -에 대해서 이야기해 볼까요?
그러면 이번에는 직장 생활에 대해서 이야기해 볼까요?
-에 대해서는 충분히 논의된 것 같습니다. 이번에는 -에 대해서 한번 이야기해 보죠.
직장 생활에 대해서는 충분히 논의된 것 같습니다. 이번에는 노화에 대해서 한번 이야기해 보죠.

모둠활동 미래의 로봇에 대하여 이야기해 봅시다.

로봇이란 사람의 모습을 한 인형 내부에 기계 장치를 하여 손 · 발 등과 그 밖의 부분을 사람처럼 동작하도록 만든 것이다. 요즘에는 사람의 모습이 아니지만, 인간과 같은 동작을 하는 기계도 로봇이라고 부른다.

- 로봇과 사람의 다른 점은 무엇입니까?
- 여러분은 어떤 기능을 가진 로봇이 있었으면 좋겠다고 생각합니까?
- 최근에는 강아지 로봇을 기르는 사람들도 있다고 합니다. 강아지 로봇의 장점과 단점은 무엇일까요?
- 여러분은 언제쯤 인간과 같은 능력의 로봇이 개발될 거라고 생각합니까? 불가능하다고 생각한다면 왜 그런지 이야기해 보십시오.

제 8 과 이야기와 글

- 주제 : 재미있는 이야기, 설화, 수필
- 문법 / 표현 : 의존 명사, 사회자가 마무리할 때
  이야기를 시작할 때

도 입

재미있는 이야기를 해 봅시다. 옛날이야기나 최근에 들은 이야기 중에서 가장 재미있는 이야기 하나를 골라 다음과 같이 이야기해 보십시오.

> 옛날에 다른 사람의 말을 잘 이해하지 못하는 바보 아내가 있었어요. 하루는 남편이 옷고름이 떨어져서 좀 달아 달라고 했는데 바보 아내가 등에다 달아 준 거예요. 이것을 본 남편이 기가 막혀서 화를 냈죠. 아내가 다시 달았는데, 이번에는 소매에다 달았어요. 남편이 하도 기가 막혀서 이번에는 그냥 웃었죠. 그랬더니 바보 아내가 뭐라고 했는지 알아요? "남자가 마음에 안 들면 화를 내고 마음에 들면 금방 '헤헤' 하면서 좋아하는 게 아니에요."라고 했대요.

다음 중 세 개의 항목을 선택하여 생각나는 동사들을 나열해 봅시다.

학교 앞　　남산　　불고기　　내가 가장 사랑하는 사람　　책　　영화표　　커피

위에서 고른 단어를 사용하여 이야기를 만들 수 있습니까? 다섯 문장 정도의 짧은 이야기를 만들어 보십시오.

듣기 1

'결혼'을 하기 위해서 필요한 것은 무엇일까요? 자신이 좋아하는 사람과 결혼하기 위해서 적극적인 태도를 보이는 남성을 본 적이 있습니까? 그 사람은 원하는 사람과 결혼하게 되었습니까?

자신이 이야기 속의 주인공이 된다면 어떤 이야기의 주인공이 되고 싶습니까?

• 성춘향과 이몽룡　　• 로미오와 줄리엣　　• 선녀와 나무꾼

잘 듣고 질문에 답하십시오.

1. 다음 중 맞는 것을 고르십시오.
   ① 할아버지와 할머니는 결혼하기 위해서 집을 나왔다.
   ② 할아버지는 할머니네 집에서 일하는 사람이었다.
   ③ 할머니도 마음 속으로 할아버지를 좋아하고 있었다.
   ④ 할아버지는 할머니가 목욕할 때 옷을 감추었다.

2. 할머니는 할아버지에 대해서 어떻게 생각하고 있었습니까? 들은 것을 모두 이야기해 보십시오.

3. 위의 내용에 비춰 볼 때, '선녀와 나무꾼' 은 어떤 이야기일 것 같습니까?

옛날에 가난한 나무꾼이 있었다.

4. 선녀와 할머니의 비슷한 점은 무엇입니까? 또 다른 점은 무엇입니까?

구분	선녀	할머니
비슷한 점	① 결혼하게 된 동기 ②	
다른 점	① 옷 : ② 결말 :	① ②

다음 표현을 이용하여 사회자의 마무리 인사를 만들어 보십시오.

- 웃고 즐기는 가운데
- 즐겁게 이야기하는 가운데
- 아쉬운 감이 있습니다만
- 벌써 마무리할 시간이 되었습니다.

- **-(으)ㄴ/는 가운데**

그 회사는 몇 번의 시행착오를 거치는 가운데 점점 더 착실한 기업으로 성장해 갔다.
웃고 떠드는 가운데 시간 가는 줄을 몰랐다.
그는 어려운 가운데서도 남을 잘 돕는다.

- **-(으)ㄴ/는 감이 있다**

좀 뒤늦은 감이 있지만 이제라도 축하 인사를 해야겠다.
큰 유리창으로 햇빛이 들어와 실내는 좀 더운 감이 있었다.
그는 자신의 주장을 막무가내로 관철시켜서 주위 사람들의 신임을 얻지 못하는 감이 있다.

사잇소리 현상 1

1. 냇가, 나뭇가지, 뱃속, 샛길, 콧등, 햇빛

'ㄱ, ㄷ, ㅂ, ㅅ, ㅈ'으로 시작하는 단어 앞에 사이시옷이 올 때에는 이들 자음을 된소리로 발음한다. 이때 사이시옷을 [ㄷ]으로 발음할 수 있다.
[내까 / 낻까], [나무까지 / 나묻까지], [배쏙 / 밷쏙], [새낄 / 샏낄], [코뜽 / 콛뜽], [해삗 / 핻삗]

2. 냇물, 아랫마을, 뒷머리, 빗물, 제삿날, 콧날

'ㄴ, ㅁ'으로 시작하는 단어 앞에서 사이시옷은 [ㄴ]으로 발음한다.
[낸물], [아랜마을], [뒨머리], [빈물], [제산날], [콘날]

3. 나뭇잎, 깻잎, 뒷일, 예삿일, 훗일

사이시옷 뒤에 '이', '야', '여', '요', '유' 등이 결합할 때에는 [ㄴㄴ]으로 발음한다.
[나문닙], [깬닙], [뒨닐], [예산닐], [훈닐]

대화

사회자 1 : 안녕하십니까? 멀리 제주도에 사시는 노부부께서 저희 방송국을 찾아 주셨습니다.

사회자 2 : 실제로 뵈니까 훨씬 더 젊어 보이시네요. 연세가 어떻게 되시죠?

할아버지 : 내가 올해 일흔이고 할멈이 예순다섯이에요. 혼인하고 꼭 마흔여덟 해를 살았지요.

사회자 2 : 두 분이 만나신 게 참 특별하다고 들었습니다만, 여쭤 봐도 될까요?

할아버지 : 하하하. 우리 동네에서는 우리 할멈을 선녀, 나를 나무꾼이라고 불렀지. 내가 할멈을 너무 좋아해서 불도저처럼 막무가내로 밀어붙였거든.

할 머 니 : 아유, 말도 마요. 할아버지가 매일 우리 집 앞에 와서 나를 훔쳐보고…….

사회자 1 : 직접 청혼을 해 보시지 그랬어요?

할아버지 : 그럴 만한 사정이 있었지. 우리 장인어른이 아주 엄하셨거든. 그러니 어디 말이나 한번 붙여 볼 수 있었나.

사회자 2 : 할머니는 어떠셨어요? 할아버지를 알고 계셨어요?

할 머 니 : 할아버지를 알고는 있었지요. 동네에서 성실하기로 이름이 나 있었거든요. 그런데 나를 그렇게 좋아하는지는 몰랐지요.

할아버지 : 내가 기회만 봐 오다가 할멈이 친구들과 밤에 냇가에서 멱을 감고 있는 걸 본 거야. 그래서 할멈 옷을 슬쩍했지. 할멈은 울고불고 난리가 났고.

사회자 1 : 정말 현대판 '선녀와 나무꾼' 이네요.

할 머 니 : 목욕하는 걸 들켰으니 할 수 없지요. 또, 할아버지가 나를 그렇게 좋아하는 게 싫지 않더라고요. 그래서 동네 사람들에게는 그 일은 비밀로 하기로 하고 혼례를 올렸지요.

사회자 2 : 할머니가 '날개옷' 다시 달라고 안 하셨어요?

할 머 니 : 옷을 달라고 할 이유가 없었어요. 할아버지가 워낙 잘해 줬으니까요.

사회자 1 : 할머니께서는 요즘 젊은이들이 교제하는 걸 보시면 어떤 생각이 드세요?

할 머 니 : 요즘은 그야말로 무엇이든지 개방되어 있으니까 자유롭고 좋겠다는 생각이 들지요. 물론 사랑을 쉽게 시작하고 쉽게 끝내서 아쉬운 감도 있지만.

사회자 1 : 할아버지께서는 옛날 이야기에서의 나무꾼과는 다르게 아주 행복한 경우시네요. '선녀와 나무꾼' 에서는 비극으로 끝나잖아요.

할아버지 : 그렇지, 우리는 행복한 '선녀와 나무꾼' 이지.

사회자 2 : 할아버지와 할머니의 감동적인 사랑 이야기를 듣는 가운데 벌써 마칠 시간이 다 되었네요. 할아버지, 할머니 내내 건강하시고 행복하시기 바랍니다. 시청자 여러분, 내일 이 시간에 다시 찾아뵙겠습니다.

이야기의 주인공 또는 주인공과 비슷한 사람들을 대상으로 인터뷰하는 대화를 만들어 봅시다.

노부부　할멈　여쭈다　불도저　막무가내　밀어붙이다　훔쳐보다　청혼　장인
엄하다　멱을 감다　슬쩍하다　울고불고　난리　교제하다

듣기 2

실제로 겪은 이야기 중에서 주위 사람들에게 여러 번 했던 이야기가 있습니까? 그것은 어떤 내용의 이야기입니까?

TV에서 방영되는 실제 이야기는 주로 어떤 내용입니까?

〈보기〉 흥미를 끌 만한 이야기 신기한 이야기 교훈을 주는 이야기

잘 듣고 질문에 답하십시오.

1. 들은 내용과 같은 것을 모두 고르십시오.
   ① 옛날이야기를 TV나 인터넷에서 볼 수 있다.
   ② 옛날이야기가 만화로 각색되기도 한다.
   ③ 옛날이야기는 대부분 실제 이야기이다.
   ④ 일본의 세간화는 대부분 허구이다.
2. '은행나무 이야기' 에서 이 사람이 은행나무를 베지 못하게 한 결정적인 이유는 무엇입니까?
3. '식당 주인 이야기' 에서 도둑을 잡는 데 가장 결정적인 역할을 한 사람은 누구입니까? 왜 그렇게 생각합니까?
4. '야구 중계 이야기' 에서는 빚을 진 친구를 어떻게 찾게 되었습니까?

친구에게 이야기를 한다면 앞에서 들은 내용 중에서 어떤 것을 해 주고 싶습니까? 어떻게 이야기를 시작하시겠습니까?

표현

• **이야기를 시작할 때**

재미있는 이야기 하나 해 드릴까요?
이런 이야기 들어 보셨어요?
얼마 전에 재미있는 이야기를 들었는데 한번 들어 보실래요?

문 법

• 의존 명사

1 밑줄 친 부분과 바꿔 쓸 수 있는 표현을 이야기해 봅시다.

요즘 운동을 거의 하지 않아서 온몸이 찌뿌드드하다. 친구의 권유대로 수영을 하기로 했다. 수영장은 집에서 가까운 곳을 선택했다. 매일 다니려면 역시 가까운 곳이 좋을 것 같기 때문이다. 그렇지 않아도 조금 다니다 보면 꾀가 생겨서 가는 것이 귀찮아질 텐데 집에서 멀면 아예 중도 하차하는 경우도 있을 것 같다. 나는 누가 강요하거나 책임을 지는 일이 아니면 잘 하지 않는다. 끈기가 없고 나약한 면이 있는 것 같다.

오후에 친구의 전화를 받았다. 친구는 수영장에 등록을 했냐며 기왕이면 나와 같은 수영장에 다니겠다고 했다. 친구 덕에 수영이 더욱 재미있어질 것 같다. 친구와 우정을 더욱 돈독히 하는 방법에는 어떤 것이 있을까? 역시 뭐니 뭐니 해도 같은 취미를 갖는 것이 가장 효과적일 것 같다.

• **-는 수가 있다**

어떤 사실이나 동작이 일어나거나 생길 가능성이 있음을 나타낸다.

닭에게 모이를 너무 많이 주면 체하는 수가 있으니 조심해야 한다.

때로는 기대하지 않았던 학생이 탁월한 능력을 발휘하는 수도 있어요.

국제 관계에는 예상 밖의 변수가 작용하는 수가 있다.

• **-(으)ㄴ/는 데**

곳, 장소, 부분, 일, 사실, 경우, 상황 등을 대신하여 쓰인다.

어느 누가 봐도 마음에 들어할 만한 멋있는 데를 알고 있다.

이 책 마지막 장은 썩 논리적이지 못한 데가 있다.

국회의원들이 끝내 의견의 합일을 보지 못한 데에는 나름대로 이유가 있다.

어떤 일을 마무리 짓는 데에는 끈기와 인내가 필요하다.

2 제시된 표현을 사용하여 알맞은 대화문을 만드십시오.

1. -는 수가 있다

① 가 : 민철 씨는 워낙 똑똑한 사람이니까 무리 없이 잘 감당하리라 생각해요.
나 :

② 가 : 차가 이렇게 많이 막혀서 오늘 안에 도착할 수 있을지 모르겠어요.
나 :

③ 가 : 민정이는 두 돌이 갓 지난 아기예요. 그런데 아직도 말을 안 해서 걱정이에요.
나 :

2. -(으)ㄴ/는 데

① 가 : 여름 휴가 때 가족들이 갈 만한 장소 좀 소개해 주세요.
나 :

② 가 : 철기 씨가 새로 산 공구는 뭘 할 때 쓰는 거예요?
나 :

③ 가 : 친구가 한국 문화를 체험하러 온다는데 좋은 게 없을까요?
나 :

- **-(으)ㄴ/는/(으)ㄹ 바**

'것, 방법, 일' 등을 나타낸다. 조건이나 선행절로 사용될 경우에는 격식체, 문어체에서 쓰인다. '-(으)ㄹ 바를 모르다'의 경우에는 '방법'을 나타낸다.
박 선생이 우리 학교를 위해서 물심양면으로 애쓴 것을 모르는 바가 아니다.
저는 그 일에 대해서 전혀 들은 바가 없습니다.
미술 대회에서 특상을 받게 되었다는 소식을 듣고 좋아서 어찌할 바를 몰랐다.

- **-는 중**

동작을 하는 도중에 있음을 나타낸다.
그를 만나 얘기를 하는 중에 새로운 사실을 알게 되었어요.
책상을 정리하던 중에 뜯어 보지도 않고 넣어 두었던 편지를 발견했다.
지금 진행 과정을 물어 보는 중이니까 질문은 나중에 하십시오.

3 다음은 공문서의 일부입니다. '-(으)ㄴ/는/(으)ㄹ 바' 또는 '-는 중'을 사용하여 밑줄 친 부분을 고치십시오.

귀사에서 보내 주신 물품 견본은 잘 받았습니다. 귀 견본은 금번 본사에서 기획 중인 상품에 꼭 필요한 부품으로 상품 생산이 진행되는 대로 상당한 물량을 요청하고자 합니다. 현재 경기가 침체되어 국내 업계에 많은 어려움이 있다는 것을 <u>모르는 것이 아니지만</u> 단가에 좀 더 신경을 써 주시면 감사하겠습니다.

여러 업체의 물품을 비교하고 <u>있으니</u> 귀 업체에서 선처를 해 주신다면 좋은 결과가 있을 것으로 기대합니다.

- **-(으)ㄹ 뿐**

앞의 사실 외에 다른 것이 더 없음을 나타낸다.
모두들 구경만 할 뿐 누구 하나 거드는 이가 없었다.
조상호 씨는 그 일을 기획한 사람일 뿐이지 실무 책임자는 아닙니다.

4 '-(으)ㄹ 뿐'을 사용하여 다음의 내용을 요약하십시오.

1

이 섬에서 할 수 있는 것은 아주 제한되어 있습니다. 전기가 들어오지 않으니 TV를 시청할 수 없고, 물론 인터넷도 이용할 수 없습니다. 그러나 19세기 때 했던 것은 무엇이든지 할 수 있습니다.

____

____

2

옆집에 신혼부부가 이사를 왔습니다. 어제 처음 인사를 했습니다. 그 새댁은 요리를 못한다고 합니다. 밥도 못하고, 국도 못 끓입니다. 그래서 매일 라면을 먹는답니다.

____

____

3

지수 씨가 일 때문에 외국에 나간 지도 벌써 6개월이 지났다. 처음 한 달 동안은 전화도 매일 하고 편지도 가끔 보냈지만 요즘은 바빠서 못하고 있다. 요즘에는 일주일에 두 번 정도 이메일을 보낸

____

____

5 〈보기〉의 의존 명사를 사용하여 (　) 안의 표현을 고쳐 쓰십시오.

〈보기〉	뿐	중	데	바	수

제 친구 중에는 이야기를 아주 잘하는 아이가 있습니다. 재미없는 이야기라도 그 친구가 하면 아주 재미있는 이야기로 바뀌곤 합니다. 쉬는 시간에 그 친구의 이야기를 듣다 보면 가끔 수업 종이 울리는 것을 ________(못 듣다)도 있으니 조심해야 합니다. 그 친구의 이야기는 ________(재미있다)만 아니라 아주 ________(감동적이다)이/가 있습니다. 친구의 이야기를 듣다가 눈물을 흘린 적도 한두 번이 아닙니다. 살다 보면 힘들고 어려운 일들도 있지만 친구의 이야기를 ________(듣다)에는 모든 근심과 걱정을 잊게 됩니다.

남녀 간의 사랑에 꼭 필요한 것은 무엇이라고 생각하십니까? 사랑이 이루어지기 위해서는 어떤 것들이 있어야 할까요?

다음 글을 읽고 질문에 답하십시오.

선녀와 나무꾼

옛날 금강산 깊은 골에 한 나무꾼이 홀어머니를 모시고 살고 있었는데, 어느 날 나무를 하자니까 노루 한 마리가 헐떡거리며 달려오더니 자기를 좀 숨겨 달라고 했어. 다름 아니라 사냥꾼들한테 쫓기는 노루였어.

나무꾼은 노루를 나뭇단 속에 숨겨 주고 뒤쫓아온 사냥꾼들을 다른 곳으로 따돌렸지. 목숨을 건진 노루가 예쁜 아내를 얻는 방법을 일러 주었지.

"어디 어디로 가면 하늘의 선녀들이 내려와 목욕을 하는 곳이 있으니 가만 숨었다가 선녀들이 벗어 놓은 날개옷 한 벌을 감춰 두면 좋은 일이 생길 것이오. 그런데 선녀와 결혼하게 되더라도 아이를 셋 낳을 때까지는 날개옷 감춘 데를 일러 주면 안 되오."

나무꾼은 노총각으로 혼자 사는 것에 지칠 대로 지친 마당에 체면이고 뭐고 따질 겨를이 없었단다. 그래서 노루가 시킨 대로 날개옷 하나를 숨겼지. 한 선녀만이 옷이 없어서 올라가지 못하고 울고 있었어. 나무꾼은 다가가 이왕 이렇게 되었으니 혼인하자고 했지. 선녀는 할 수 없이 나무꾼과 살면서 아이를 둘 낳았어.

나중에 선녀가 남편에게 날개옷이 어디 있냐고 틈만 나면 묻고, 하루는 하도 졸라대는 통에 노루가 일러 준 말을 깜빡 잊어버리고, 아이를 둘 낳았으니 이제 와서 무슨 일이 있으랴 싶어서 날개옷 있는 데를 일러 주었단다. 그러자 아내는 아이를 양 옆구리에 끼고 천장을 뚫고 하늘로 올라가고 말았지.

나무꾼이 너무도 허망하여 울고 있으니 노루가 다시 나타났어.

노루는 두레박을 타고 하늘나라에 가는 방법을 알려 주었지. 두레박을 타고 하늘에 올라간 나무꾼은 아내와 자식들을 만나 행복한 나날을 보냈단다.

1. 선녀를 만나기 전에 나무꾼은 어떤 처지였습니까? 선녀를 만난 후와 비교하여 말해 봅시다.

2. 다음 중 위의 내용과 같은 것을 모두 고르십시오.
   ① 나무꾼은 사냥꾼에게 쫓기는 노루를 숨겨 주었다.
   ② 사냥꾼들은 노루를 다른 곳에 숨겨 주었다.
   ③ 노루는 나무꾼에게 선녀와 결혼하는 방법을 알려 주었다.
   ④ 나무꾼은 혼자 사는 것에 너무 지쳐서 결혼할 엄두가 나지 않았다.

노루가 '아이 셋을 낳을 때까지 날개옷을 돌려주지 말라' 고 한 이유는 무엇입니까? 만약 나무꾼이 이 금기를 지켰다면 이야기는 어떻게 달라졌을까요?

다음은 '선녀와 나무꾼'의 뒷이야기입니다. 이러한 결말에 대해 여러분은 어떻게 생각합니까?

나무꾼은 하늘나라에 가서 아내와 자식을 만나 살게 되었지만 마음이 즐겁지만은 않았단다. 두고 온 홀어머니 때문이었지. 날이면 날마다 홀어머니 걱정을 하니 아내가 하루는 천마 한 마리를 얻어 주며 땅에 다녀오라고 했어. 그러나 몸이 조금이라도 땅에 닿으면 다시는 올라올 수 없으니 절대로 천마에서 내리지 말라고 했지.

나무꾼은 천마를 타고 아래로 내려와 어머니를 만났단다. 어머니는 아들에게 호박죽이라도 먹고 가라고 했어. 나무꾼은 호박죽을 먹다가 너무 뜨거워 말 목덜미에 흘리고 말았어. 말이 깜짝 놀라 펄쩍 뛰는 바람에 나무꾼은 그만 땅에 떨어지고 말았어. 그러자 천마는 혼자 하늘로 돌아가 버렸단다. 이제 사랑하는 아내와 아이들을 영영 볼 수 없게 된 나무꾼은 괴로워서 죽을 지경이었지. 결국 나무꾼은 인간 세상에 남아 죽을 때까지 하늘만 바라보며 울다가 지쳐 숨이 지고 말았단다. 나무꾼은 죽어 수탉이 되었지. 그래서 지금도 수탉은 하늘에 두고 온 아내와 자식이 그리워서 지붕에 올라가 하늘을 보고 운단다.

＊두레박 : 줄을 길게 매어 우물물을 긷는 데 쓰는 그릇

여러분 나라에도 이와 비슷한 이야기가 있습니까? 위의 내용과 비교하여 이야기해 봅시다.

노루 나뭇단 빼돌리다 체면 겨를 깜빡 옆구리 허망하다 두레박 천마 호박죽 목덜미 그만 영영 수탉

–(으)ㄴ/는 마당에

어떤 일이 이루어지는 상황이나 처지. 주로 소극적이거나 부정적인 표현이 많이 온다.

이제 함께 일할 날도 얼마 남지 않은 마당에 굳이 듣기 싫은 소리를 할 이유가 없었다.

어차피 그르친 일이 되고 만 마당에 네 탓 내 탓을 할 기분이 아니었다.

떠나는 마당에 구차하게 변명할 필요가 있겠어요?

읽기 2

가장 감명 깊게 읽은 수필에 대해서 이야기해 봅시다. 어떤 내용이 가장 기억에 남습니까?

다음 글을 읽고 질문에 답하십시오.

소중한 '하나'

재미있는 우화가 있다. 옛날 아라비아의 어떤 상인이 임종을 맞게 되었다. 그는 자기 앞에 세 아들을 불러 앉혔다. 그리고는

"내가 너희들에게 남겨 줄 유산이라고는 말 열일곱 마리가 있을 뿐이다. 맏이는 열일곱 마리의 반을, 둘째는 전체의 3분의 1을, 그리고 막내는 전체의 9분의 1을 갖도록 해라."

하고 유언했다.

얼마 후 아버지는 세상을 떠났다. ㉠ 재산을 나누어 가져야 할 삼형제 간에는 오랜 싸움이 계속되었으나 해결할 길이 없었다. 맏아들은 열일곱의 반으로 아홉 마리를 주장했다. 그러나 동생들은 아홉 마리는 2분의 1이 넘으니까 줄 수 없다고 했다. 여덟 마리 반이 되지만 반 마리는 처리할 수가 없기 때문이다. 둘째 아들은 여섯 마리를 가져야 한다고 고집을 부렸다. 그러나 형과 동생은 다섯 마리밖에는 줄 수가 없다고 했다. 막내 아들은 두 마리를 가져야 한다고 욕심을 부렸다. 그러나 형들은 두 마리는 열일곱의 9분의 1이 넘으므로 손해를 볼 수 없다고 고집을 부렸다.

하루는 이들의 집 앞을 한 나그네가 지나갔다. 세 아들은 그 나그네에게 아버지의 유산 문제를 해결해 달라고 부탁을 했다. 모든 이야기를 듣고 난 나그네는

"그러면 이렇게 합시다. 내가 타고 온 말 한 마리를 당신들에게 드리지요. 그러면 열여덟 마리가 될 것입니다. 맏형은 그 2분의 1인 아홉 마리를 가지십시오. 둘째는 3분의 1에 해당하는 여섯 마리를 가지십시오. 그리고 막내는 9분의 1에 해당하는 두 마리를 차지하십시오. 그렇게 되면 당신네 세 사람은 모두가 아버지가 약속한 유산보다도 많은 것을 가지게 될 것입니다."

라고 말했다.

㉡ 세 아들은 모두 만족했다. 나그네가 얘기해 준 대로 자기들에게 돌아올 말들을 찾아 가졌다. 일을 끝낸 나그네는

"그러면 나는 다시 길을 떠나야겠습니다."

하고 인사를 하고 걸어서 대문 앞을 나섰다. 바로 그때였다. 한 아들이 뒤따라 나오면서,

"말을 타고 오셨다가 어떻게 이 사막 길을 걸어가실 수가 있습니까? 외양간에 가 보니까 아직도 한 마리가 남아 있습니다. 우리들이 차지할 것은 다 차지했는데도 한 마리가 남았으니 이 말을 타고 가십시오."

라고 말했다. 나그네는

"그렇습니까? 나에게 한 마리를 다시 주신다니 타고 가겠습니다."

라고 말하면서 말을 탔다. 타고 보니 그것은 조금 전 타고 왔던 바로 그 말이었다. 아들들은 나그네에게 감사를 드렸다. 나그네는 자기 말을 타고 갔다.

1

이 글을 다 읽고 나면 왠지 모를 아쉬움이 남는다. 세 아들은 어리석기 그지없는 젊은이들이었다. 나그네가 나타나지 않았더라면 언제 끝이 날지도 모르는 싸움을 계속했을 것이다. 싸움을 끝내는 방법은 두 가지이다. 누구 한 사람이 손해를 봐서 나머지 사람들에게 양보를 하든가, 아니면 나그네가 제시한 대로 수학적 지혜를 활용하든가.

나그네는 2, 3, 9로 나눠질 수 없는 숫자 17에 1을 더하여 계산하여 문제를 해결한다. 다행히 나그네의 지혜로 17마리의 말을 분배했지만 이 글을 읽고 생각하게 되는 것은 단순히 숫자의 미묘함, 수학의 묘미만은 아닐 것이다. 나그네의 도움이 아니더라도 세 아들이 한 발짝 떨어져서 상황을 판단했더라면 문제는 쉽게 해결되지 않았을까?

2

세 아들 중 누구 하나가 자신의 것을 조금 포기하는 여유와 넉넉함이 있었다면 얼마나 좋았을까? 아버지의 죽음 이후에 형제들 사이에 더 많은 정이 오가게 되었다면 정말 좋았을 텐데. 한 마리의 말보다 더 소중한 것은 아버지의 피를 함께 나눈 형제임을, 아버지가 안 계신 거친 세상을 함께 헤쳐나갈 동반자임을 먼저 생각했더라면 좋았을 텐데. 세상의 어떤 것보다도 소중한 것이 사람이고 그들과의 나눔인 것을 알았다면 이야기의 결말은 한층 더 흐뭇하게 끝났을 것이다. 어떤 상황에서든지 '사람'을 생각하는 것, 사람이 먼저이고 사람을 얻는 것이 가장 많은 것을 얻는 것임을 알았다면 이 글의 결말은 얼마나 많은 감동을 주었을까?

3

나그네가 한 대로 하나를 더 생각하여 계산하는 수학적 지혜를 삶에 적용할 수 있을까? 해결될 것 같지 않은 문제를 한 걸음 떨어져서 보고, 거기에 해결할 수 있는 지혜를 동원하는 일. 더 나아가서 당장 이득 되는 일이 아니라도 모두가 함께 웃으며 사랑할 수 있는 방법을 찾을 수 있다면…….

내가 더 생각해야 할 그 하나는 무엇일까? ㉢ 많은 돈보다, 명예나 이득보다 더 소중한 사람을 얻기 위해서 내가 고려해야 할 그 하나는 무엇일까? 그것은 아무래도 사랑이지 싶다. 어떤 상황에서도 늘 사람을 먼저 생각하는 그 사랑, 그 따뜻함. 그것이 내게 필요할 것이다. 크고 작은 분쟁의 소식이 끊이지 않는 오늘, 여기에서 그 하나를 생각해 본다.

1. 이 글의 주제는 무엇입니까?
   ① 수학의 중요성
   ② 지혜가 없는 사람들의 불행함
   ③ 사랑하며 베푸는 삶의 중요성
   ④ 유산 상속의 불합리성

2. ㉠의 원인은 무엇입니까?

3. ㉡과 같이 된 계기는 무엇입니까?

4. ㉢과 가장 부합하는 속담을 고르십시오.

① 곳간에서 인심 난다.
② 황금 보기를 돌같이 하라.
③ 콩 심은 데 콩 나고, 팥 심은 데 팥 난다.
④ 사람 나고 돈 났다.

5. 뒷부분 1 ~ 3에서 중심 문장을 하나씩 찾아 정리하여 쓰십시오.

1

2

3

세 아들에게 하고 싶은 말을 적어 보십시오. 3～5문장으로 쓰십시오.

우화 임종 유산 유언하다 세상을 뜨다 고집 나그네 외양간 양보 지혜
분배하다 미묘함 묘미 동반자 포기하다 여유 넉넉함 헤쳐 나가다 흐뭇하다
동원하다 이득 분쟁

쓰 기

- 뒷부분 상상하여 쓰기
- 관점을 달리하여 쓰기
- 재미있는 사건 요약하기

1 다음에 어떤 일이 일어날 것인지 상상하여 쓰십시오.

1

그녀는 다른 날과 마찬가지로 아침 일찍 눈을 떴다. 하지만 오랫동안 침대에서 몸을 뒤척였다. 차라리 더 잠을 잤으면……. 모든 것을 잊고 싶다. 하지만 스스로 해결하지 않는 한 모든 문제는 그대로 남아 있을 것이다.

2

그는 계곡 밑을 곁눈질로 내려다보고는 두려워져서 암벽에 더욱 가까이 매달렸다. 발 밑으로는 한없는 어둠뿐. 의지할 곳이라고는 없다.

2 옆집에 사는 아주머니는 아침마다 베란다에 나와서 체조를 합니다. '하나, 둘, 하나, 둘 ……' 목청껏 구령을 붙이며 체조를 하는데 아무도 말리는 사람이 없습니다. 아주머니의 우렁찬 목소리 덕분에 나는 늦잠을 면하기는 하지만 썩 기분이 좋은 것은 아닙니다. 다음 표현을 사용하여 아래의 사람들이 이 사건에 대해 어떻게 이야기할지 써 보십시오.

-는 수가 있다　　-(으)ㄴ/는 데　　-(으)ㄴ/는 한　　-(으)ㄴ/는/(으)ㄹ 바　　-는 중

1. 아침에 매일 그 광경을 보는 우유 배달 아주머니가 체조하는 아주머니에게
2. 체조를 하는 아주머니의 딸이 반 친구들에게
3. 체조하는 아주머니의 남편이 장모님께
4. 내가 우리 반 친구들에게

모둠 활동 재미있는 사건을 정리한 후 요약한 것을 이야기해 봅시다.

1. 최근 한 주간의 신문이나 잡지를 보고 가장 인상 깊은 내용이나 재미있는 사건을 요약하여 다른 친구에게 보여 주십시오.
2. 사건의 원문을 친구에게 보여 주십시오.
3. 원문의 내용이 그대로 전달되었는지 확인해 보십시오. 바뀐 점이 있다면 어떤 것입니까? 친구에게 전달할 때 더 강조한 것은 무엇입니까?

말하기

- 인물의 성격 분석하기
- 장면을 선택하여 역할극 구성하기
- 옛날이야기 각색하기

'선녀와 나무꾼'의 내용을 역할극으로 꾸며 봅시다. 인물의 성격을 분석한 후, 한 장면을 선택하여 만들어 보십시오.

1. 인물의 성격 분석하기

① 나무꾼

② 선 녀

③ 어머니

④ 노 루

〈보기〉 우유부단하다 / 성실하다 / 이기적이다 / 독선적이다 / 의리가 있다 / 헌신적이다 / 치밀하다 / 주도면밀하다 / 어리석다 / 정이 많다 / 친절하다 / 결단력이 있다 / 욕심이 많다

2. 장면 선택하기

1

2

3

4

모둠 활동 '선녀와 나무꾼' 이야기를 각색해 봅시다.

1. 반 친구들 중 나무꾼을 한 명 정하십시오.

2. 이 사람이 나무꾼이 되었다면 이야기는 어떻게 될까요? 위의 장면 중 하나를 선택하여 역할극을 다시 만들어 보십시오.

3. 새로 만든 역할극과 본래 이야기의 차이는 무엇입니까? 왜 그런 차이가 생겼을까요?

듣기 지문

제 1 과 대중 문화

p.17

기 자 : 안녕하세요? 월간 '영화 사랑'의 김지훈입니다. 이정수 씨, 바쁘실 텐데 이렇게 인터뷰에 응해 주셔서 감사드립니다.

이정수 : 별말씀을요. 저도 이런 기회를 통해 여러분께 인사를 드릴 수 있어 좋지요.

기 자 : 이번에 찍은 영화 '영원한 사랑'이 한 달째 흥행 1위인데, 인기 비결이 뭐라고 생각하십니까?

이정수 : 글쎄요. 무엇보다도 감독님의 연출이 뛰어났다고 봐야겠지요. 영화 촬영하는 동안 감독님이 배우들의 연기를 일일이 지도해 주셨어요.

기 자 : 많은 관객들이 남자 주인공 역을 맡은 이정수 씨의 연기에 감동을 받았다고 합니다.

이정수 : 아직 제 연기는 부족한 점이 많은데, 관객들이 사랑해 주시니 그저 감사할 뿐입니다.

기 자 : 영화에서 이정수 씨의 짧은 머리가 아주 인상적이더군요.

이정수 : 남자 주인공의 직업이 운동선수였기 때문에 머리를 짧게 깎았어요. 옷도 주로 운동복을 입어서 사실 다른 사람들에 비해서 편하게 연기했어요.

기 자 : 영화의 흥행으로 수입이 꽤 많아지셨겠어요?

이정수 : 글쎄요. 그건 아직 잘 모르겠네요.

기 자 : 앞으로 계획이 있다면요?

이정수 : 이번 주부터 다음 작품 촬영을 시작했습니다. 이번엔 애정 영화가 아니라 전쟁을 소재로 한 영화입니다. 저번 작품과는 완전히 다른 역할입니다.

기 자 : 그렇군요. 앞으로 계속 기대하겠습니다. 귀한 시간을 내 주셔서 정말 감사드립니다.

제 2 과 민속과 삶

p.31

결혼은 사람의 일생에서 매우 중요한 의미를 갖는 의식입니다. 그런 만큼 어느 나라에서나 결혼에는 여러 절차가 따르기 마련입니다. 한국에서도 결혼식에는 특별한 의미가 담긴 다양한 절차가 있습니다.

결혼식을 하기 전에 날을 정해서 신랑과 친구들이 함을 가지고 신부 집에 갑니다. 함에는 옷과 보석 등 신부에게 주는 선물이 들어 있습니다. 함은 보통 신랑 친구 중에서 결혼하여 첫아들을 낳은 사람이 지게 됩니다. 신랑의 친구들은 "함 사세요."하고 큰 소리로 외칩니다. 신부 집에서는 신랑 친구들에게 음식과 술을 대접하고 함 값을 줍니다.

결혼식 날 식이 시작되면 신랑이 먼저 입장하고 신부가 아버지와 함께 결혼 행진곡에 맞추어 입장합니다. 결혼식의 주례를 맡은 분이 성혼 선언문을 낭독하고 주례사를 합니다. 주례자는 행복한 결혼 생활을 위한 여러 조언과 축복의 말을 합니다. 성혼 선언문을 통해 드디어 두 사람은 공식적으로 부부의 관계를 맺게 됩니다. 그리고 두 사람은 사랑의 예물을 교환합니다. 서로의 손에 예쁜 반지를 끼워 줍니다.

결혼식 절차가 끝나면 가족들, 친구들이 신랑, 신부와 함께 기념 촬영을 합니다. 그리고 신랑, 신부는 전통 혼례복을 입고 폐백을 올립니다. 신랑의 부모님은 폐백 상 앞에 앉고, 신랑과 신부는 공손히 큰절을 올립니다. 절을 받고 나서 신랑의 어머니는 신부의 치마폭에 밤과 대추를 던져 주십니다. 이것은 자손이 번성하라는 의미입니다.

폐백 후에 두 사람은 신혼여행을 떠납니다. 가족과 친지들은 신혼여행을 떠나는 차 앞에서 손을 흔들며 신랑과 신부를 배웅합니다.

신혼여행에서 돌아오면 즐겁고도 괴로운 집들이가 시작됩니다. 신랑·신부의 가족과 친구들이 신혼 부부의 살림을 구경하러 옵니다. 신랑과 신부는 손님들에게 새로 단장한 집을 공개하고 맛있는 음식을 대접합니다.

제 3 과 언어 학습

p.46

오늘은 '대화 시작하기'에 대해서 이야기해 보겠습니다.

여러분은 다른 사람과 대화할 때 어떻게 시작하나요? 식사는 했는지, 그동안 잘 지냈는지, 이런 인사말로 대화를 시작하는 것이 일반적이지요? 조금 오랜만에 만났다면, "잘 지내셨어요?", "하시는 일은 잘 되세요?" 이렇게 안부를 물을 수도 있죠.

일상적인 내용으로 대화를 시작하는 것은 그만큼 대화에서 '자연스러움'이 중요하기 때문입니다. 자연스럽게 말을 건네는 것, 이것이 대화를 시작하는 기본 전략입니다.

어떤 사람을 처음 만났다면, 여러분은 어떻게 대화를 시작하시겠습니까?

"만나서 반갑습니다. 저는 홍길동이라고 합니다." 이렇게 시작하는 것이 보통이겠죠? 그런데 만약에 오늘 처음 만나지만 그동안 전화나 편지 등으로 상대방을 알고 있었다면 이렇게 해 보는 것은 어떨까요? 간단히 인사를 하고 나서 "전화로 목소리만 듣다가 이렇게 만나 뵙게 되니 반갑습니다. 항상 목소리가 활기차서 좋은 분일 거라고 생각했는데 역시 제 예감이 맞은 것 같습니다."라고 한다면 상대방을 기분 좋게 하여 대화를 잘 이끌어 나갈 수 있게 됩니다.

또, 처음 만나서 대화를 할 때에는 이왕이면 먼저 시작하는 것이 더 좋습니다. 상대방에게 내가 적극적인 사람이라는 인상을 줄 수 있기 때문이죠. 특히, 사업상 만나는 경우라면 이러한 인상을 심어 주는 것이 매우 중요합니다. 또, 내가 질문을 하는 입장이기 때문에 그 사람에 대해서 더 많은 것을 알 수 있는 효과도 있고요.

소개를 주고받았는데 어떤 말을 해야 할지 막막하다면 역시 가장 좋은 방법은 일상적인 화제를 꺼내는 것입니다. "오다 보니까 길이 많이 막히던데, 오실 때 고생하지는 않으셨어요?" 이런 말이 대화를 계속할 수 있게 합니다. 누구나 겪을 수 있는 일들이니만큼 당연히 대답이 나오게 되는 거죠. 한 가지 주의할 점! 이런 질문을 할 때에는 대답이 "예, 아니요" 둘 중 하나로 나오지 않도록 해야 합니다. 상대방이 단답형으로 대답하고 다시 나에게 질문을 해 주지 않으면 당연히 대화가 끊어지겠죠? 그래서 대답을 예상하면서 질문을 조절하는 것도 중요한 기술 중의 하나입니다. 이렇게 해서 어느 정도 부담 없이 이야기를 할 수 있게 되었다면 상대방에 대해서 간단한 질문을 해 보는 것도 좋습니다. 조심할 것은 너무 꼬치꼬치 캐묻는다는 인상을 주면 안 되겠죠.

이와 같이, 대화를 시작하는 방법은 그 상황과 대화 상대방과의 친밀도 등에 따라 다양합니다.

제 4 과 개인과 가정

p.63

사회자 : 안녕하세요? 오늘은 박영훈 주방장님과 함께 전주비빔밥을 만들어 보겠습니다.

요리사 : 안녕하세요?

사회자 : 재료가 참 많은데요. 먼저 재료부터 소개해 주시겠습니까?

요리사 : 이쪽에 있는 것은 전주비빔밥을 만드는데 꼭 필요한 것입니다. 전주는 콩나물, 고추장, 고추장에 무친 쇠고기 육회, 황포묵이 유명하거든요.

사회자 : 나물은 몇 가지쯤 들어가는 거예요?

요리사 : 나물이 한 아홉 가지 들어가고, 나물 외에도 계란, 잣, 김 등의 여러 고명이 들어갑니다.

사회자 : 전주비빔밥은 밥을 짓는 방법도 좀 다르다면서요?

요리사 : 예, 이렇게 사골 국물로 밥을 짓습니다. 밥이 끓으면 불을 줄이고서 콩나물을 얹어 뜸을 들이는 거예요.

사회자 : 사골 국물로 지은 밥에 나물, 쇠고기 육회까지 들어가니 영양이 아주 풍부하겠어요.

요리사 : 그럼요. 그래서 조선 시대에 전주비빔밥은 궁중 음식으로도 이용되었는걸요.

사회자 : 나물 만드는 방법도 간단히 소개해 주시겠습니까?

요리사 : 시금치는 끓는 물에 소금을 조금 넣고 살짝 데친 후에, 참기름, 마늘, 깨소금을 넣고 무치고요. 콩나물은 삶은 후에 같은 방법으로 무칩니다.

사회자 : 도라지랑 애호박은 볶아야 되지요?

요리사 : 예, 애호박은 채 썰어서 소금에 절였다가 찬물에 살짝 헹구고 물기를 짠 후에 볶아야 맛있습니다.

사회자 : 밥을 담는 그릇도 참 독특하네요.

요리사 : 예, 비빔밥을 맛있게 만들려면 밥을 담는 그릇도 중요합니다. 밥의 온도가 60도 정도 될 때 나물과 가장 잘 비벼지거든요. 이 그릇은 밥의 온도를 유지해 줍니다.

사회자 : 이제 밥과 나물을 담아 볼까요?

요리사 : 예, 먼저 그릇에 밥을 담고서 나물은 색깔별로 돌려 담으세요. 가운데에 육회를 넣고서 그 위에 달걀 노른자를 얹은 다음, 기호에 따라 고명을 올립니다.

사회자 : 고추장은 따로 담는 게 좋겠지요?

요리사 : 그럼요, 고추장은 따로 담아서 개인 식성에 맞추어 넣게 하고요, 콩나물국과 물김치를 곁들여 내면, 훌륭한 영양식이 완성됩니다.

사회자 : 아! 저도 오늘 집에 들어가서, 가족들을 위해 전주비빔밥을 만들어 봐야겠어요.

제 5 과 운동과 오락

p.77

전국적인 달리기 붐 속에 한국 하프 마라톤 대회가 성황리에 개최되었습니다. 이번 대회에는 남녀노소 7,000여 명이 참가해 5월 27일 오전 9시 서울 잠실 종합운동장 광장을 출발하는 코스를 화사한 물결로 장식했습니다.

상쾌한 초여름 날씨 속에 가족 단위, 직장 단위, 동호회 단위, 연인 단위로 역주에 나선 참가자들의 표정은 매우 밝았습니다.

이번 대회 최고령 참가자는 5km 코스에 참가한 팔순의 이인석 옹이고, 최연소 참가자는 가족들과 함께 역시 5km 코스에 참가한 7살배기 김혜정 양입니다.

이날 대회에서는 시각 장애인 20명, 휠체어 농구단의 장애인 5명도 5km 코스를 완주하여 감격스러운 분위기를 연출했습니다.

2,200여 명의 하프 코스 참가자들은 한강 시민 공원으로 접어들어 시원한 강바람을 맞으며 한남대교를 조금 지난 반환점을 돌아왔습니다. 10km 참가자 2,500여 명은 올림픽 대교에 이르는 한강 시민 공원 코스를 달렸습니다. 2,400여 5km 코스 참가자들은 잠실 주 경기장 일주 코스를 조깅하듯 부담 없이 달렸습니다.

이날 10km와 하프 코스 참가자들에게는 자신의 역주 장면과 기록이 담긴 기록증이 수여되었고, 4인 이상이 참가한 70여 가족 단위 참가자들에게는 행복상이 주어졌습니다.

제 6 과 기후와 여행

p.91

날씨를 전해 드리기 전에 겨울잠에 대한 얘기를 해 볼까요? 야생 곰, 뱀, 개구리……. 지금쯤 겨울잠에 푹 빠져 쿨쿨 자겠죠? 그러면 요즘 동물원의 곰들도 잘 자고 있을까요? 전문가의 말에 따르면 날씨가 추워져도 먹이만 일정하게 공급되면 포유 동물은 겨울잠을 자지 않는다고 합니다. 동물들은 겨울잠을 자기 전에 실컷 먹고 몸무게를 불립니다. 몸에 양분이 충분히 쌓이면 인슐린이라는 호르몬이 몸 속에서 평소보다 많이 나오게 됩니다. 인슐린은 핏속의 포도당을 줄어들게 하는데, 이렇게 되면 신진대사가 거의 일어나지 않습니다. 심장도 천천히 뛰고 숨도 천천히 쉬며 꼼짝 않고 죽은 듯이 잠만 자게 됩니다. 이게 바로 겨울잠입니다. 그런데 동물원에서는 먹이를 일정하게 공급해 살이 찌지 않으니까 인슐린 분비도 늘지 않아 겨울잠이 없어지는 것이죠. 동물원 담당자의 말에 따르면 곰들이 가을이면 식욕이 늘어, 주는 먹이 말고도 풀이나 나무껍질을 뜯어먹는다고 합니다. 겨울잠을 준비하려는 본능이 남아 있다는 얘기입니다.

이제 해빙기로 접어들었습니다. 토요일인 내일은 전국적으로 비나 눈이 오겠습니다. 아직 겨울이기는 하지만, 기온이 높아 대부분 눈보다는 비로 내릴 가능성이 높겠습니다. 남부와 제주도는 아침부터 비나 눈이 오겠습니다. 중부 지방은 차차 흐려져 오후부터 비나 눈이 조금 오는 곳이 있겠습니다. 예상 강우량은 제주도 10~40mm, 남부 지방 5~20mm, 충청, 강원 영동, 울릉도·독도 5~10mm입니다. 강원 산간 지방에는 3~8cm의 눈이 오는 곳도 있겠습니다. 일요일은 맑고 포근하겠습니다.

제 7 과 과학과 기술

p.105

고향의 손맛이 느껴지는 향토 음식을 인터넷을 통해 만날 수 있게 됐습니다.

전국 농촌 지역 여성 모임인 향토 음식 연구회 회원들이 전국의 향토 음식을 직접 조사하고 정리하여 인터넷 홈페이지를 개설했습니다.

이번에 개설된 홈페이지에는 10,000여 명의 회원을 자랑하는 향토 음식 연구회의 현황과 함께 우리 고장 향토 음식, 솜씨 보유자, 식품 정보 등 다양한 내용이 정리되어 있습니다.

우리 고장 향토 음식 코너에는 각 지역의 특색 음식 650가지의 재료, 만드는 방법이 사진과 함께 실려 있습니다. 솜씨 보유자 코너에는 주식류, 탕과 찜류, 장류, 김치류 등 음식별로 지역을 대표하는 장인 285명에 대한 설명이 실려 있습니다.

특히 우리 고장 향토 음식에는 사라져 가는 한국의 고유 음식에 대한 자세한 기록이 있습니다. 또, 양파를 처음 재배한 경남 창녕에서 양파를 이용해 만든 음식, 대나무로 유명한 전남 담양에서 죽순을 재료로 만든 음식 등을 소개하고 있습니다.

식품 정보 코너에서는 여러 식품 관련 책자들을 만나볼 수 있습니다. 거기에는 한국의 기본 식품인 장과 김치, 떡, 콩나물 등의 영양 성분, 조리법 등에 대한 자세한 설명이 있습니다.

향토 음식 연구회는 앞으로 홈페이지의 자유게시판을 통해 전국 여러 지역에서 실시되는 전통 음식 전시회에 대한 정보를 제공할 계획입니다. 또한, 홈페이지 방문자들의 가정에서 대대로 전수되고 있는 음식들에 대한 정보를 제공 받아 정리할 계획도 가지고 있습니다.

향토 음식 연구회장 민경은 씨는 "전통 음식은 앞으로 세계에 내놓을 귀중한 문화 상품"이라며 "이번에 개설한 홈페이지가 우리 음식의 우수성을 알리는 데 기여하길 바란다."고 말했습니다.

제 8 과 이야기와 글

p.119

나오코 : 한국에도 옛날이야기가 많이 있지요? 한국에서는 요즘에도 TV나 인터넷에서 다양한 옛날이야기가 소재가 되고 있다고 들었어요.

한 수 : 맞아. 한국에서는 옛날이야기가 특히 어린이들에게 인기가 많아. 가끔 게임이나 만화 등으로 각색되기도 하지.

나오코 : 일본에서는 옛날이야기뿐만 아니라 '세간화(世間話)' 라고 해서 실제로 있었던 이야기 중에 흥미를 끌 만한 이야기가 많이 있어요. 옛날이야기는 대부분 허구잖아요. 세간화는 실제 이야기라는 점에서 그 나름대로 재미가 있어요.

빌 리 : 그런 이야기라면 저도 TV에서 봤어요. 실제로 있었던 이야기들을 소재로 한 프로그램이 있더라고요. 주로 신기한 이야기나 웃기는 이야기가 많던데요?

한 수 : 그래? 최근에는 어떤 이야기를 봤는데?

빌 리 : 어떤 경찰이 은행나무를 살려 주어서 좋은 일이 많이 있었다는 이야기예요. 지서 마당에 암수 은행나무 두 그루가 있었는데 지서장이 은행나무를 베어서 팔려고 했대요. 그런데 이 경찰만 반대를 한 거예요. 그러던 어느 날 이 사람이 숙직실에서 자는데 남녀가 나타나서 살려 달라고 하는 꿈을 연이어 꾸었대요. 아침에 일어나 보니 마침 일꾼들이 와서 은행나무를 베려고 하기에 쫓아 버렸고요. 그 일 이후 그 경찰은 진급도 되고 집안에도 좋은 일이 많이 생겨서 다 나무의 덕이라고 믿고 있더라고요.

나오코 : 나무의 덕으로만 보기에는 좀 석연치 않은 부분이 있네. 그럼, 그 지서장은 어떻게 되었대?

빌 리 : 지서장은 급사를 했대. 그러니 더욱 나무의 영험함을 믿을 수밖에 없지.

한 수 : 내가 아는 이야기는 우연치고는 정말 기가 막힌 우연이 있는 이야기야. 국밥 집을 하는 부부가 있었는데 밤새도록 국밥을 팔았대. 부부가 장사하는 동안 아이들끼리 집을 보는데 그만 도둑이 들었지 뭐야. 도둑이 돈이며 보석이며 돈 되는 것은 모두 안방에 있던 가방에 넣어서 도망을 갔지. 그런데 일을 마친 도둑이 출출해서 요기라도 할 겸 들어간 곳이 그 부부의 국밥집이었던 거야. 주인이 가만히 보니 가방이 어디서 많이 본 가방이더래. 그때 마침 집에서 아이들한테 전화가 온 거야. 그래서 도둑에게는 주문대로 국밥을 한 그릇 주고 곧장 경찰서에 신고해서 도둑을 잡았다는 거야.

나오코 : 우연도 우연이지만 국밥집 주인의 침착한 태도가 대단한 것 같아요. 저도 비슷한 이야기를 하나 들었어요. 어떤 사람이 친구에게 돈을 빌려 줬는데 그 친구가 갚지 않고 연락도 끊어서 받을 수 없었대요. 어느 날 그 사람이 우연히 TV 야구 중계를 보는데 운동장 스탠드 광고판 앞에 돈을 빌려간 친구가 앉아 있는 것이 화면에 나온 거예요. 그래서 곧장 운동장으로 달려가서 그 사람을 만나 돈을 받아 냈대요.

빌 리 : 정말 믿기 어려운 얘기다. 하긴 우리 일상 생활에서도 이야기가 될 만한 게 많지. 재미있거나 신기한 일들 말야. 그러고 보면 이야기는 우리 생활과 아주 밀접한 관계가 있는 것 같아.

모범 답안

제 1 과 대중문화

도입 p.14

자연스러운 패션

듣기 1 p.14

1. ①, ②
   폭력 영화를 좋아하지 않는다는 점에서 의견이 비슷하다.
2. 영철
3. 젊은이들의 사랑을 소재로 한 한국 영화, 영화에 나오는 장소가 멋지고 한국 젊은이들의 심리를 잘 이해할 수 있어서.
4. ①, ②, ③, ⑥

듣기 2 p.17

영화 : 감독, 연출, 배우, 관람객, 작가, 역할, 주인공, 조연, 상영, 촬영하다, 연기를 잘하다, 흥행에 성공하다
노래 : 작사, 작곡, 가수, 가요, 유행가, 공연, 가창력이 좋다

1. ①, ④, ⑥
2. ③, ⑤
3. 감독님의 연출이 뛰어났다.
4. 직업이 운동선수이다. 머리를 짧게 깎았다. 주로 운동복을 입었다.

문법 p.18

2 웃었다지 뭐야! → 웃었다고 하지 뭐야!
재미있다면 → 재미있다고 하면
풀린다잖아 → 풀린다고 하잖아
진출한다는 → 진출한다고 하는
싶다기에 → 싶다고 하기에
없다니까 → 없다고 하니까
하자니까 → 하자고 하니까
탔대 → 탔다고 해
쌓인대서 → 쌓인다고 해서

3 준비에 들어간다고 해 → 준비에 들어간대
열 계획이라고 하는 소식 → 열 계획이라는 소식
기부할 거라고 해 → 기부할 거래
수출할 계획이라고 하더라 → 수출할 계획이라더라
자신한다고 하지 뭐야 → 자신한다지 뭐야
나누어 줄 예정이라고 하니 → 나누어 줄 예정이라니
가 보고 싶다고 하기에 → 가 보고 싶다기에
좋다고 하면 → 좋다면

읽기 1 p.20

1. ■ 최고의 인기를 얻게 되다
   ■ 유행하는 기간이 짧다
2. ④
3. 가사가 친근하고, 형식이 쉽고 단순하기 때문에 / 가락이 단순하고 가사의 내용이 대중적이기 때문에
4. 젊은이들이 가사와 리듬에 익숙하다. 젊은 가수들이 트로트 또는 트로트 분위기가 나는 노래를 불러 인기를 끈 경우가 있다. 대학가 근처의 노래방 여기저기에서 트로트가 흘러나온다. 일을 하면서 트로트를 흥얼거리는 젊은이들이 있다.

읽기 2 p.22

2 줄거리
3 소설
4 영화 대본
5 평론

1. 몽룡은 사또의 아들이고 춘향은 기생의 딸이다.
2. 이몽룡이 아버지를 따라 서울로 가게 된다.
3. ①, ②, ④, ⑤, ⑥, ⑦
4. 대중문화의 영원한 주제인 '사랑'과 '이별'을 중심으로 한 이야기이기 때문이다.

쓰기 p.24

■ 구경하고자, 말을 걸고자, 춘향을 만나고자
■ 가고자 했습니다, 이야기하고자, 올라가고자

제 2 과 민속과 삶

도입 p.28

- 설, 추석

듣기 1 p.28

- 1. 악한 성격이면서 파괴적인 속성을 가지고 있다.
  2. ②
  3. ①

듣기 2 p.31

- 1. 5-3-7-2-1-6-4
  2. ②

문법 p.32

4 1. 파일이 손상된 것이 내 실수라고 치자.
  2. 잃어버렸다고 치 / 없어졌다고 치
  3. 물건 값을 내린다 쳐

5 자면, 맞으면, 잃어버리면, 걸어 두면

읽기 1 p.34

- 1. ②, ③　　2. ②, ③, ④　　3. ①, ②

읽기 2 p.36

- 1. 좋은 날 '추석' : '추석'은 가족과 함께 하는 좋은 명절 입니다.
  반보기 : 반가운 사람을 만나세요.
  2. ②, ④
  3. 오랜만에 만나 따뜻한 정을 나눕니다.
  4. 각 마을의 소녀들도 단장하고 참여하게 되므로

제 3 과 언어 학습

도입 p.42

- 모, 벼, 쌀, 밥

- 1. 개굴개굴, 쾅쾅, 콜록콜록, 부릉부릉, 쨍그랑

듣기 1 p.43

- 1. ②
  2. 높임말을 잘못 사용하였다. '무슨 식사 먹을 거예요?' → '무엇을 드실 거예요?'
  3. 나오코 : 발음
     왕영 : 정확하게 쓰기
  4. 틀린 글자를 다시 써 보는 연습을 하였다.

듣기 2 p.46

- 1. ①, ②, ④
  2. ②, ③

- 1. ②
  2. ④, ⑨
  3. ⑥
  4. ①, ⑦, ⑧
  5. ①, ⑤, ⑩
  6. ③, ⑧

문법 p.47

1 대학원 입학 시험 면접, 면접관 – 수험생

2 1. [1] 높임 : –ㅂ/습니다(날씨입니다, 흐리겠습니다, 높겠습니다, 일겠습니다)
  [2] 높임 : –께서(할머니께서), 편찮다/–으시–(편찮으셔서)
  낮춤 : –아/어라(보아라, 먹어라), –ㄴ다(간다, 입원하셨단다), 너, –너라(오너라), –거라(전화해라)
  [3] 높임 : –께(엄마께), 요(나가요, 있거든요, 거예요, 주세요, 가져가요), –(으)시–(주세요)
  [4] 낮춤 : –에게(상호에게), –아/어(미안해, 모르겠어), –거든(생겼거든), –지?(기다려 줄 거지?), –(으)ㄹ게(줄게), –가(영희가)
  2. [1] – [3] – [4] – [2]

3 낙서하지 마시오. 담배를 피우지 마시오. 큰 소리로 말하지 마시오. 음식물을 먹지 마시오. 음료수를 가지고 들어오지 마시오.

4 1. 함께 식사하러 가세.
2. 오늘은 아주 기분이 좋아 보이는군! / 오늘은 아주 기분이 좋아 보이네!
3. 기말 보고서는 다음 주까지 내게.
4. 지난 주말에는 누구를 만났나? / 지난 주말에는 누구를 만났는가?
5. 이번 방학에는 외국에 나가려고 하네.

읽기 1 p.50

1. 한국어의 높임말, 쌀, 에스키모어의 눈
2. 가장(家長) 중심의 가족 제도, 사회적 지위에 따른 위계 질서를 강조하는 유교 사상
3. 모 : 논에 심기 전의 것
벼 : 논에서 자라고 있거나 탈곡하기 전의 것
쌀 : 수확한 후 익히기 전의 것
밥 : 쌀을 익힌 것
4. 핵심어 : 언어, 문화
주제문 : 언어는 그 사회의 문화를 반영한다. / 문화는 해당 언어에 반영된다. / 문화가 다르면 언어가 달라진다.

음성 상징어

1 깔깔, 껄껄, 보슬보슬, 부슬부슬
1. 작은 느낌과 큰 느낌 / 밝고 경쾌한 느낌과 어둡고 느린 느낌
2. 양성 모음은 양성 모음과, 음성 모음은 음성 모음과 어울린다.

2 작은 말 : 조르르, 동글동글, 꼬르륵
큰 말 : 주르르, 둥글둥글, 꾸르륵

읽기 2 p.53

1. [1] 천천히 정확하게 발음하는 연습을 한다. 이것이 익숙해지면 속도를 점점 속도를 높여 간다.
[2] 다른 사람과 말하는 기회를 자주 갖는다. 자주 쓰는 표현을 중심으로 4, 5백 개 정도의 문장을 외워 둔다. 다양한 분야의 어휘와 표현을 익혀 둔다.
[3] 사전을 찾아 관용어의 뜻을 이해한다. 관용어가 쓰인 소설 작품을 찾아 읽어 본다. 해설과 용례가 많은 외국어 사전을 이용해 공부한다.
[4] 조금씩이라도 매일 듣기 연습을 한다. 처음에는 드라마보다 뉴스를 듣는다. 처음에는 대충 흐름을 파악하고 천천히 반복해서 듣는다.
[5] 많이 읽는 것이 좋다. 처음에는 사전을 찾지 않고 죽 읽으면서 전체의 뜻을 파악하며 읽는다. 처음에는 읽기 쉬운 신문, 주간 잡지, 패션 잡지, 스포츠 신문 등을 읽는다. 신문 기사는 구어체로 된 인터뷰 기사부터 읽는 것이 좋다.
[6] 처음에는 대사를 받아써 본다. 익숙해지면 영화 내용을 외국어로 요약하거나 감상문을 쓰는 연습을 한다.
2. [2] 말하기를 잘하는 법 [3] 단어 공부 / 사전을 찾아보자. [4] 반복해서 듣기 [5] 많이 읽기 [6] 영화를 통해 한국어 배우기
3. ①
4. 드라마는 문화적인 차이 때문에 이해하기 어려운 경우가 있다.
5. 관용어는 대부분 원래의 뜻으로 쓰이지 않고 전혀 다른 뜻을 나타내기 때문이다.
6. 언어마다 음가의 차이가 있기 때문이다.

쓰기 p.56

1 1. 선생님에게 → 선생님께, 나는 → 저는, 선생님이 → 선생님께서, 내 마음도 → 제 마음도, 그 사람들이 아주 놀라시더군요 → 그 사람들이 아주 놀라더군요, 가르칠 때가 → 가르치실 때가, 도와줘서 → 도와주셔서, 아름다운 부인도 데리고요 → 아름다운(아름다우신) 사모님도 모시고요, 보여 주고 싶어요 → 보여 드리고 싶어요, 선생님 집에 → 선생님 댁에, 내 어깨를 → 제 어깨를, 두드려 줄 거지요? → 두드려 주실 거지요?, 잘 있으세요 → 안녕히 계세요, 다음에 또 편지할게요 → 다음에 또 편지 드릴게요.

제 4 과 개인과 가정

도입 p.60

- 출산율이 감소되고 있다.
- 여아에 비해 남아의 출생률이 높다.

■ 평균 초혼 연령이 점점 높아지고 있다. 결혼 적령기도 높아진다고 할 수 있다.

■ 65세 이상 인구는 남자에 비해 여자가 많다.

듣기 1 p.61

1. ④ 2. ③, ④
3. 가족이 함께 참여하는 프로그램을 알아보는 것
4. 자전거를 타는 것, 가족들과 함께 취미 생활을 즐기는 것

듣기 2 p.63

주재료	마늘, 후추, 깨소금, 고추장, 참기름
나 물	잣, 김
조미료	시금치, 고사리, 도라지, 애호박, 상추, 무, 오이, 당근, 파
기호품	쌀, 콩나물, 사골, 쇠고기 육회

1. 지으세요
2. 삶은, 무치세요
3. 데친, 무치세요
4. 채 썬 다음에, 볶으세요

1. 영양이 아주 풍부하기 때문에
2. 밥의 온도가 60도 정도 될 때 나물과 가장 잘 비벼지기 때문에 밥을 담는 그릇이 중요하다.
3. ☑ 곡식류 : 쌀 ☑ 육류 : 쇠고기
   ☑ 채소류 : 콩나물, 시금치, 도라지, 애호박
   ☑ 견과류 : 잣
4. 먼저 밥을 담고 나서 나물을 색깔별로 돌려 담습니다. 가운데에 육회를 넣고서 위에 달걀 노른자를 얹은 다음에 기호에 따라 고명을 올립니다.

문법 p.64

3 일하기, 지냈음, 적응하기, 편찮으심, 나으시기, 오기

5 1. 네가 세 쌍둥이를 낳았다는 소문을 듣고 얼마나 놀랐는지 모른다.
2. 어머니는 오빠가 승진했다는 소식을 듣고 무척 기뻐하셨다.
3. 이번 토요일 모임이 일요일로 변경되었다는 연락을 받았니?
4. 기자들이 범인에게 왜 그런 범행을 저질렀냐는 질문을 했다
5. 집주인에게서 이번 달 말까지 집을 비워 달라는 독촉을 받았다
6. 범인은 경찰이 출동할 거라는 정보를 어떻게 얻었을까?
7. 첫눈 내리는 날, 그에게서 사랑한다는 고백을 듣고 기분이 좋아졌다.
8. 대장은 부하들에게 공격을 시작하라는 명령을 했다.

읽기 1 p.67

1. ①
2. 음복설 : 제사를 지낸 후에 상에 남은 음식을 나누어 먹은 데에서 유래했다.
   묵은 음식 처리설 : 섣달 그믐날에 새해 음식을 장만하면서, 남은 음식이 해를 넘기지 않도록 묵은 밥과 묵은 나물을 모두 얹어서 밤참으로 먹은 데에서 유래했다.
   궁중 음식설 : 조선 시대에 왕이 먹던 간단한 점심 식사에서 유래했다.
3. 함께 먹으며 사람 사이의 정을 확인하는 문화

읽기 2 p.69

1. ① 2, 4, ② 1, ③ 3
2. 전자 레인지를 TV나 라디오와 가까운 곳에 설치를 하면 화면이 흔들리거나 잡음이 나기 때문이다.
3. 음식물이 넘치거나 바람이 불어 불꽃이 꺼졌을 경우.
4. 전원 스위치를 눌렀는지 확인한다. 정전이 아닌지 확인한다. 전원 플러그를 꽂았는지 확인한다.
5. ①, ④

제 5 과 운동과 오락

듣기 1 p.75

1. ■ 빌리 : 자동차 경주 ■ 영철 : 전자오락
   ■ 왕영 : 달리기 ■ 나오코 : 춤추기
2. 빌리가 자동차 경주 동호회 회원인 프로 선수에 대해서 한 이야기
3. 전자오락

듣기 2 p.77

②

1. ②
2. 4인 이상이 참가한 가족 단위 참가자들
3. 출발지 : 서울 잠실 종합운동장 광장
   참가자 : 남녀노소 7,000여 명
   대회 분위기 : 상쾌한 초여름 날씨에 참가자들의 표정이 매우 밝았다.

문법 p.78

1
1. ① 쳐다보다 ② 맛을 보다 ③ 처리하다 ④ 돌보다 ⑤ 물건을 사다 ⑥ 치다 ⑦ 낳다 ⑧ 알아보다 ⑨ 구독하다 ⑩ 드리다 ⑪ 이루다 ⑫ 고려하다 ⑬ -한테
2. ① 근거로 판단하다 ② 판단하다 ③ 생각하다 ④ 추측하다 ⑤ 생각하다

2 체격으로 볼 때 한국 농구 선수들보다 중국 선수들이 훨씬 큽니다.
학생 입장에서 볼 때 졸업 후 전공과 관련된 직장에 가는 것이 가장 좋다.
시설 면에서 볼 때 그 학교가 제일 현대화되었습니다.
의사 입장에서 볼 때 불치병에 걸린 환자에게 병명을 가르쳐 주는 것이 더 낫다.
가격으로 볼 때 우리 제품이 타사 제품에 비해 경쟁력이 떨어집니다.
경제적으로 볼 때 차를 사는 것보다는 집을 사는 것이 낫다.
관광 자원으로 볼 때 그 섬은 아직 개발할 부분이 많이 있다.

3
1. 선생님의 표정이 좋지 않은 걸로 보아서는 시험 결과가 별로 안 좋은 것 같다.
2. 종로 극장 매표소에 줄을 서 있는 사람이 많고, 나오는 사람들도 모두 웃고 있는 걸로 보아서는 종로 극장에서 상영하는 영화가 재미있을 것 같다.
3. 동생한테 반말을 하고 있는 걸로 보아서는 그 여자가 동생보다 나이가 많은 것 같다.

4
1. 집에 와서 입고 보니
2. 만나고 보니
3. 헤어지고 보니
4. 설명을 듣고 보니

5 -으로 보아서는, -으로 볼 때, -에서 볼 때, 보니

읽기 1 p.81

1. 나이와 장소에 관계없이 돈 들이지 않고 긴 시간을 즐겁게 보낼 수 있으므로
2. 흑, 백의 돌들이 접촉하는 과정에서 돌의 삶과 죽음이 끊임없이 발생하므로
3. 나이와 공간의 제한, 시간의 제약, 반드시 상대편이 눈앞에 존재해야 한다는 제약이 없다.
4. ④

읽기 2 p.83

1. [2] (주) 경기 이벤트 '더불어 살기' 디너쇼 개최
   [3] 한국 어린이 축구회 가을 리그 시작
   [4] 전국 배드민턴 가족 축제
   [5] 충남 당진 줄다리기 축제
2. 빌리 : [5], 이민정 : [1], 김영철 : [4]
3. [2]

제 6 과 기후와 여행

도입 p.88

빌리 : 월 · 화 / 정은 : 목 · 금 · 토 / 나오코 : 일

듣기 1 p.89

1. 여행사
2. ①
3. 기암괴석을 볼 수 있고 계곡에 갈 수 있다, 통나무집과 캠핑장에서 쉴 수 있다, 유성 온천에 갈 수 있다, 동학사에 갈 수 있다.
4. ①, ②
5. 민속 마을이 있고 문화재가 잘 보존되어 있다.

듣기 2 p.91

1. ②

2. 겨울잠을 준비하려는 본능이 남아 있어서
3. ②

문법 p.92

3 1. 어쩐지 학교 앞에 있는 가게가 며칠 동안 문을 열지 않더라니 가게 주인이 여행을 갔다 왔구나.
2. 길에서 마주칠 때마다 핸드폰으로 전화를 걸고 있더라니 여자 친구와 통화하는 거였구나.
3. 시험 기간에도 공부는 하지 않고 인터넷만 하더라니 결국 낙제를 하고 말더군요.

6 느껴지더라 / 느껴지더라고, 들더라 / 들더라고,
아름답더라 / 아름답더라고, 가고 싶더라니,
살았던가, 많더라 / 많더라고

읽기 1 p.95

1. ② 2. ①, ④
3. 더위가 심할수록 바위 틈새에 얼음이 더 많이 얼고, 겨울에는 반팔을 입어도 될 정도로 더운 김이 나기 때문에
4. 한국의 사계는 뚜렷하게 구분되는데, 얼음골은 계절의 변화와 상관없이 일정한 온도를 유지하기 때문에 매력적이다.
5. 사랑을 약속한 사람들

읽기 2 p.97

1. ③
2. 천연 온천수를 쓰고 있어서 건강에 좋다.
3. ②, ③

제 7 과 과학과 기술

듣기 1 p.103

1. ③
2. ①
3. 한 평범한 남자가 손을 자주 다치는 아내를 위해 혼자 처치할 수 있는 밴드를 만들었다.
4. 간절한 필요에 의해서 나오는

듣기 2 p.105

1. 향토 음식 연구회 홈페이지
2. ④
3. 전통 음식 전시회, 가정에서 전수되는 음식들

문법 p.106

2 1. 나오코가 국제 관계 전공으로 박사 과정에 진학하려나 봅니다.
2. 모하메드 회사에서 새로 나온 한국 휴대폰을 수입하려나 봅니다.
3. 왕영 씨가 점심도 굶으려나 봐요.
4. 태풍이 오려나 봐요.

읽기 1 p.108

1. ■ 기상학 ■ 의학 ■ 생명 공학
2. 가루눈은 한랭한 공기에서 만들어지고 함박눈은 상대적으로 기온이 높은 공기에서 만들어진다. 또 함박눈이 내리는 밤에는 대기가 안정되어 있다.
3. 개의 눈은 색맹에 가깝고 움직임에 민감하기 때문에 눈이 올 때의 세상 풍경이 매우 자극적으로 보인다.
4. 긍정적인 면 : 그 약을 먹으면 나을 것이라는 믿음 때문에 고통이 사라진다. 배에 온기를 전해 주면 배가 치료될 수 있다. 내장이 자극되어 장 운동이 활발해진다.
부정적인 면 : 일시적인 진정 효과 때문에 근본적인 치료를 하지 못할 수도 있다.
5. 생명 공학의 발전으로 DNA를 조작하여 새로운 작물을 생산하는 경우가 많아졌다.

읽기 2 p.111

1. ①
2. 태어난 지 두서너 시간만에 뇌의 성장이 멈추기 때문에
3. 사람의 뇌에서 언어와 관련된 부분은 12세 정도에 성장이 멈추므로
4. 기억 형성에 관여하는 단백질이 있다는 사실이 새롭게 밝혀졌다.

제 8 과 이야기와 글

듣기 1 p.116

1. ④
2. 할아버지가 성실한 사람이라는 것을 알고 있었다. 그러나 할머니를 그렇게 좋아하는지는 몰랐다.
3. 〈읽기 1〉 참조

구분	선녀	할머니
비슷한 점	① 결혼하게 된 동기 ② 결혼함	
다른 점	① 날개옷 ② 불행하게 끝남	① 평범한 옷 ② 행복하게 삶

듣기 2 p.119

1. ①, ②
2. 남녀가 나타나서 살려 달라고 하는 꿈을 연이어 꾸었다.
3. 아이들. 아이들이 전화를 해서 바로 도둑을 잡을 수 있었다.
4. TV의 야구 중계에 돈을 빌려간 친구가 나와서

문법 p.120

2 1. ① 똑똑한 사람도 실수하는 수가 있으니까 우리가 잘 도와줘야 돼요.
② 이렇게 막히다가도 길이 뚫리는 수가 있어요.
③ 갑자기 말문이 트이는 수도 있다고 하니 너무 걱정하지 마세요.
2. ① 가족들이 모두 가려면 가까운 데를 알아보셔야겠네요.
② 기계의 연결 부위를 조여 주는 데에 쓰는 거예요.
③ 한국 문화를 체험하는 데에는 한옥 마을 방문이나 김치 만들기 체험이 좋을 것 같은데요.

3 부품인 바, 모르는 바 아니지만, 있는 중이니

4 1. 전기를 이용할 수 없을 뿐 19세기에 했던 것은 무엇이든지 할 수 있다.
2. 새댁은 라면을 끓일 수 있을 뿐 아무 것도 할 줄 아는 게 없다.
3. 지수 씨는 일 주일에 두 번 메일을 보낼 뿐 좀처럼 연락을 안 한다.

5 못 듣는 수, 재미있을 뿐, 감동적인 데, 듣는 중

읽기 1 p.123

1. 노총각으로 홀어머니를 모시고 살고 있었다.
2. ①, ③

선녀가 날개옷을 입고 다시 하늘나라로 갈까 봐. 금기를 지켰다면 가족들과 함께 인간 세상에서 살았을 것이다.

읽기 2 p.125

1. ③
2. 서로 양보하지 않으려고 했으므로
3. 아버지가 약속한 유산보다도 많은 것을 가지게 되어서
4. ④
5. [1] 나그네의 도움이 아니더라도 세 아들이 한 발짝 떨어져서 상황을 판단했더라면 문제는 쉽게 해결되지 않았을까?
[2] 어떤 상황에서든지 '사람'을 생각하는 것, 사람이 먼저이고 사람을 얻는 것이 가장 많은 것을 얻는 것이다.
[3] 어떤 상황에서도 늘 사람을 먼저 생각하는 그 사랑, 그 따뜻함이 필요하다.

표현 찾아보기

관용 표현

기능 표현

• 동의할 때	-다는 점에 대해서 -의 의견에 동의하다	1과	15
• 주장/판단의 근거를 말할 때	-다는 점에서 -다고 생각하다	1과	15
• 인터뷰를 시작할 때	바쁘실 텐데 이렇게 인터뷰에 응해 주셔서 감사 드립니다.	1과	17
	인터뷰를 허락해 주셔서 감사 드립니다.	1과	17
• 인터뷰를 끝낼 때	귀한 시간을 내 주셔서 정말 감사 드립니다.	1과	17
	끝까지 성실하게 답변해 주셔서 진심으로 감사 드립니다.	1과	17
• 시간 끌기	글쎄요	1과	19
	음……, 뭐랄까	1과	19
	글쎄, -다고 할까?	1과	19
• 이야기를 마무리할 때	그리하여 결국 -게 되었다.	1과	25
	이야기는 -는 것으로 끝을 맺는다.	1과	25
• 축하할 때	-(으)신 것을 축하 드립니다	2과	39
• 위로할 때	너무 실망하지 마. 다음에 더 좋은 기회가 오겠지.	2과	39
• 조문할 때	얼마나 상심이 크십니까?	2과	39
	뭐라고 위로의 말씀을 드려야 할지 모르겠습니다.	2과	39
• 앞에 나온 화제를 유지할 때	말이 나왔으니까 말인데	3과	44
	그렇지 않아도	3과	44
• 제안할 때	-(으)ㄴ/는 것이 좋을 것 같다	4과	61
• 상담 동기를 말할 때	문의할 것이 있어서 이렇게 상담을 드립니다.	5과	85
	몇 가지 여쭤 보고자 이렇게 글을 올리게 되었습니다.	5과	85
• 의견을 조율할 때	일단 서로 생각이 일치하는 것부터 이야기해 봅시다.	6과	100
	그러면 이렇게 하는 건 어떨까요?	6과	100
• 화제를 바꿀 때	그러면 이번에는 -에 대해서 이야기해 볼까요?	7과	114
	-에 대해서는 충분히 논의된 것 같습니다. 이번에는 -에 대해서 한번 이야기해 보죠.	7과	114
• 사회자가 마무리할 때	즐겁게 이야기하는 가운데 벌써 마무리할 시간이 되었습니다.	8과	117
	아쉬운 감이 있습니다만 벌써 마무리할 시간이 되었습니다.	8과	117
• 이야기를 시작할 때	재미있는 이야기 하나 해 드릴까요?	8과	119
	이런 이야기 들어 보셨어요?	8과	119
	얼마 전에 재미있는 이야기를 들었는데 한번 들어 보실래요?	8과	119

어휘 찾아보기

문법 찾아보기

집 필 김 중 섭 (金重燮)
경희대학교 국제교육원 원장
경희대학교 국어국문학과 박사

방 성 원 (方聖媛)
경희사이버대학교 한국어문화학과 교수, 교재개발팀장
경희대학교 국어국문학과 박사

김 지 형 (金智衡)
경희사이버대학교 한국어문화학과 교수
경희대학교 국어국문학과 박사

이 성 희 (李聖熙)
경희대학교 민속학연구소 연구교수
경희대학교 국어국문학과 박사

그림/디자인 신 영 성 (申永成)
현대 미술가, 경희대학교 국제교육원 겸임교수
문화 · 예술 공동체 www.korea-art.biz 대표

한국어 고급1

발행일 : 제1판 제1쇄 2003년 4월 10일
제2쇄 2004년 10월 25일
제3쇄 2007년 1월 10일
제4쇄 2008년 3월 28일
제5쇄 2009년 12월 28일
제6쇄 2011년 9월 30일
제7쇄 2014년 9월 22일
지은이 : 김중섭, 방성원, 김지형, 이성희 공저
· http :// www.iie.ac.kr · E-mail : iie@khu.ac.kr
· TEL : 02-961-0081~2 · FAX : 02-959-9018
발행처 : 경희대학교 출판문화원
등 록 : 1977년 11월 8일 제6-5호
주 소 : 서울시 동대문구 회기동 1 우편번호 130-701
· http ://www.khupress.com
· E-mail : press@khu.ac.kr
· TEL : 02-961-0106~7 · FAX :02-962-8840
인 쇄 : 새한문화사

ISBN 978-89-8222-068-5
ISBN 978-89-8222-046-3(세트)

값 20,000원 (CD 포함)